O LADO NEGRO DO EMPREENDEDORISMO
AFROEMPREENDEDORISMO E BLACK MONEY

MARIA ANGÉLICA DOS SANTOS

Copyright © 2019 by Editora Letramento
Copyright © 2019 by Maria Angélica dos Santos

Diretor Editorial | **Gustavo Abreu**
Diretor Administrativo | **Júnior Gaudereto**
Diretor Financeiro | **Cláudio Macedo**
Logística | **Vinícius Santiago**
Designer Editorial | **Luís Otávio Ferreira**
Assistente Editorial | **Giulia Staar e Laura Brand**
Revisão | **LiteraturBr Editorial**

Todos os direitos reservados.
Não é permitida a reprodução desta obra sem
aprovação do Grupo Editorial Letramento.

Dados Internacionais de Catalogação na Publicação (CIP) de acordo com ISBD

S237l	Santos, Maria Angélica dos
	O lado negro do empreendedorismo: afroempreendedorismo e black money / Maria Angélica dos Santos. - Belo Horizonte : Letramento, 2019.
	118 p. : il. ; 14cm x 21cm.
	Inclui bibliografia.
	ISBN: 978-85-9530-261-7
	1. Administração. 2. Empreendedorismo. 3. Afroempreendedorismo. 4. Black Money. I. Título.
2019-812	CDD 658.421
	CDU 65.016

Elaborado por Vagner Rodolfo da Silva - CRB-8/9410

Índice para catálogo sistemático:
1. Empreendedorismo 658.421
2. Empreendedorismo 65.016

Belo Horizonte - MG
Rua Magnólia, 1086
Bairro Caiçara
CEP 30770-020
Fone 31 3327-5771
contato@editoraletramento.com.br
editoraletramento.com.br
casadodireito.com

DEDICO ESTE LIVRO AOS TRÊS HOMENS DA MINHA VIDA:

ALAN, ARTHUR E FRANCISCO.

ALAN, MEU PORTO SEGURO, MEU ESPOSO E MEU MELHOR AMIGO.

ARTHUR, MEU PRIMOGÊNITO, SER DE LUZ QUE MAIS ME ENSINA SOBRE AMOR E COMPREENSÃO.

FRANCISCO, MEU CAÇULA, FONTE INESGOTÁVEL DE CARINHO E SAPEQUICES.

AGRADECIMENTOS

Aos meus filhos, Arthur e Francisco, que me ensinam, todos os dias, a amar, perdoar e pedir perdão.

À minha mãe, que me guiou até aqui com pulso firme e olhar no horizonte, que viu potencial em mim antes mesmo de eu aprender a falar, que apostou tudo o que tinha para me ver voar e que, mesmo depois disso tudo, ainda se surpreende e fica feliz com cada voo vitorioso que consigo alçar.

Ao meu esposo, Alan, que é meu primeiro incentivador, meu amigo, meu porto seguro e meu motivo. A última pessoa para quem eu gostaria de olhar ao me despedir da vida. Um homem que significa e ressignifica diariamente o que entendo por amor.

Aos meus alunos da FACSAL (Faculdade da Cidade de Santa Luzia) e da UNIVERSO (Universidade Salgado de Oliveira – Belo Horizonte) e a todos os outros alunos que tive pelo meu caminho profissional. Aprendi muito mais do que ensinei e sou grata por, além de conhecimento, também ter podido dar e receber afeto.

Agradeço à minha orientadora no Doutorado, do Programa de Pós-graduação da Faculdade de Direito da UFMG, Maria Fernanda Salcedo Repolês, que me vê, me respeita e me impulsiona, com o cuidado que só uma verdadeira educadora sabe ter.

Às amigas e aos amigos que me dão o suporte necessário para seguir valente e forte. Minhas amigas da infância até o fim: Roberta Michelle (*in memmorian*), Liliane, Carla, Patrícia, Sônia (*in memmorian*) e Solange. Minhas amigas da vida adulta até o fim: Jamine, Grazi, Betina, Ivana, Luciana, Glaucimar, Laís, Roberta, Fabiana, Simone, Karina, Fernanda, Christiane,

Alice, Renata, Marcela, Pâmela, Adriana Bicalho, Sirlene, Valéria, Suzana, Marisete e Vânia. Meus amigos Reginaldo, Alexandre Rato, Rubens, Jardel, Rafael Mingoni, Bernardo, Antônio Augusto e Daniel. E a todas as amigas e amigos que encontro em meus alunos e alunas, colegas de trabalho e do convívio geral, cujos corações se derramam em carinho para além do que posso esperar.

Ao meu amigo e prefaciador, Reginaldo, um dos homens mais inteligentes e divertidos que já conheci, devo um agradecimento mais que especial, pois, além de me prestigiar com a leitura atenta e um prefácio gentil e instigante, também já me emprestou seu tempo e generosidade lendo meu projeto do doutorado e me aconselhando a ir além, a ler os melhores e a transgredir sempre para ser e poder mais.

À família do meu esposo (minha sogra D. Helena, meu sogro Jurandy, Marcílio, Marlon, Daisy, Victor Hugo, Isadora e Camila), que me acolheu e me respeita e ama como eu nunca poderia esperar.

A Deus, causa primeira de todas as coisas.

APRESENTAÇÃO	**9**
PREFÁCIO	**13**
INTRODUÇÃO	**17**

PRIMEIRA PARTE

1
O QUE É AFROEMPREENDEDORISMO? — 25

1.1. DISTINÇÃO ENTRE EMPREENDEDOR E EMPRESÁRIO	28
1.2. AFRO + EMPREENDEDORISMO	34
1.3. PRINCÍPIOS REITORES DO AFROEMPREENDEDORISMO	39

2
O NEGRO E O ATO DE EMPREENDER — 43

3
DESCOLONIZANDO O EMPREENDEDORISMO — 49

3.1. A RAÇA COMO FRONTEIRA	50
3.2. COMO A IDEIA DE RAÇA INTERFERE NO ATO EMPREENDEDOR?	51

4
FEMINISMO NEGRO E EMPREENDEDORISMO CURATIVO — 59

4.1. O FEMINISMO DA DIFERENÇA IMPULSIONA O CORPO NEGRO	59
4.2. O AFROEMPREENDEDORISMO CURA?	61

SEGUNDA PARTE

5
O QUE É BLACK MONEY? 71

5.1. O BLACK MONEY NOS EUA E O BLACK MONEY NO BRASIL 80

6
ECONOMIA ÉTNICA E O ENEGRECIMENTO DO MERCADO 89

7
QUAL É O LUGAR DO EMPREENDEDOR NEGRO? 95

8
**O PAPEL DO AFROEMPREENDEDORISMO
E DO BLACK MONEY NO MOVIMENTO AFROFUTURISTA** 105

CONSIDERAÇÕES FINAIS 107

POEMA AFRIMAÇÃO – ASSATA SHAKUR 109

REFERÊNCIAS 111

APRESENTAÇÃO

Estava de saída na porta da Faculdade de Direito, e o meu telefone tocou. Do outro lado da linha, uma pessoa se apresentou como Maria Angélica. Uma pessoa de nosso convívio comum tinha sugerido que ela falasse comigo sobre o seu desejo de voltar aos estudos e fazer o doutorado. Contou-me que se formou na Faculdade de Direito da UFMG, uma das poucas pessoas negras do período. Eu lembrei que no período que eu estudei, havia somente um aluno negro na Faculdade, o hoje professor de Direito, pesquisador e referência na temática da discriminação e da luta antirracista, Adilson Moreira.

Ela também me contou uma história interessante. Os colegas de turma dela conversavam sobre uma lista antiga de aprovados no vestibular em Direito que um deles achou e exibiu e na qual todos conseguiam identificar avós, tios, pais, sinalizando como gerações dessas famílias haviam estudado na faculdade. Ela, por sua vez, comentou que era a primeira de sua família a ter acesso ao ensino superior em uma universidade pública e a ter tido a oportunidade de se formar em Direito pela UFMG. O comentário acabou gerando um silêncio, talvez motivado pelo mal-estar de tornar audível e visível aquilo sobre o qual não queremos pensar: a sociedade é racista, socialmente excludente e machista. Nesse sentido, a presença de Maria Angélica na Faculdade de Direito não é apenas rara, mas algo praticamente impensável face às estruturas sociais vigentes.

No entanto, ela estudou Direito na UFMG, fez mestrado na PUC Minas com ênfase em Direito Tributário, onde defendeu a dissertação sobre extrafiscalidade e justiça social, e ali estava buscando saber como se preparar para uma disputada vaga no doutorado em Direito. Sua preocupação era compreender se no Programa de Pós-graduação havia interesse em discutir o significado de alunas e alunos negros circularem naquele espaço que se mostra constantemente excludente. Sua ideia era debater sobre se a presença dos poucos alunos e professores negros era capaz de gerar mudanças e, se sim, que tipo de mudanças eram essas.

Nesta altura da ligação, eu já estava completamente envolvida pela conversa, pois percebi que estava frente a uma mulher inteligente, crítica e original. Pouco tempo depois dessa ligação, ela se apresentava na seleção de doutorado, no primeiro edital que contemplava cotas raciais para esse nível de ensino, sendo aprovada.

E a indagação contida na dúvida dela é muito legítima: estaria a faculdade preparada para receber Maria Angélica? Estaria o Direito preparado para compreender os negros e negras como protagonistas e autores do mesmo, tirando-os do lugar naturalizado de objeto de estudo? Caso a resposta seja negativa, isso pouco importa, porque o fato é que alunos negros e alunas negras chegam à universidade púbica e à faculdade de Direito com toda a disposição de transgredir e questionar, colocam-se como sujeitos de sua história e de suas teorias. Esse movimento está em curso e representa ganhos inestimáveis para a qualidade da pesquisa, do ensino e da extensão produzidos nesses centros de saber.

O Lado Negro do Empreendedorismo: afroempreendedorismo e Black Money, obra lançada por Maria Angélica dos Santos, é um indicativo claro desse movimento e de toda a sua potência. No livro, a autora explicita a importância de reivindicar esse lugar epistemológico para negros e negras. E demonstra não apenas como o empreendedorismo é um fator de libertação, cura e valorização racial e cultural, mas também como o próprio ato de escrever e publicar sobre todas essas questões faz com que os autores e as autoras negros abram espaços centrais de reflexão e de novas abordagens e metodologias. Ela faz isso com um sorriso nos lábios. Seu texto é leve, didático e acessível, e acredito ser o primeiro de muitos de uma autora promissora nas discussões do direito público, dos direitos fundamentais e de como estes são perpassados pelas questões de raça, classe e gênero.

MARIA FERNANDA SALCEDO REPOLÊS[1]

Professora da Faculdade de Direito da UFMG

---

1 Maria Fernanda é professora no Curso de Direito da UFMG. Possui graduação em Direito pela UFMG, Mestrado em Filosofia Social e Política pela UFMG, Doutorado em Direito Constitucional pela UFMG e Pós-doutorado pela UFRJ.

PREFÁCIO

A bem da verdade, e por uma questão de honestidade intelectual, devo confessar que dificilmente me interessaria por um livro que carregasse em seu título a palavra "empreendedorismo". Isso por duas razões básicas: a primeira é que a palavra remete a um assunto completamente alheio à minha formação acadêmica e intelectual e, consequentemente, ao meu campo de interesses teóricos; a segunda – menos profissional, mas, nem por isso, menos significativa – é que o termo nunca soou muito bem aos meus ouvidos. Para mim, o termo "empreendedorismo" sempre pareceu um substituto grandiloquente para "autoajuda empresarial" (com tudo o que a autoajuda tem de ridículo e enganoso, como ensinar a "transformar suor em ouro"...), além de se tratar de um tema que sempre me pareceu remeter a um discurso *proclamado por* e *dirigido para* aquela que a própria autora chama algures de "elite branca colonial empreendedora". Podem não ser boas as razões, mas são as minhas! Deste modo, a não ser pela sincera amizade e declarada admiração pela autora desta obra, deveria ser eu o último dos mortais a escrever este prefácio.

No entanto, para a merecida frustração dos meus preconceitos teóricos e a grata satisfação de me ver assim tão exemplarmente contrariado em minhas expectativas em relação ao tema "empreendedorismo", tive o imenso prazer de ser um dos primeiros a ler este livro, além de ter sido igualmente agraciado com o convite para prefaciá-lo. Isso porque, a meu ver, este livro não apenas ressignifica a ideia de empreendedorismo, mas a subverte, na medida que confere ao ato de empreender uma dimensão libertária que transcende o campo estrito das relações meramente comerciais ou econômicas e o lança no terreno muito mais interessante e profícuo das práticas sociais, práticas essas que dão sentido e gravidade à vida dos sujeitos que as realizam. Nesse sentido, mais do que uma análise acurada do fenômeno do "afroempreendedorismo", este livro serve também de ferramenta teórica e prática para auxiliar na construção daquilo que a própria autora chama de uma outra subjetividade negra, "autônoma e descolonizada".

É também, antes de tudo, um livro *sui generis*, pois acredito ter sido feito sob medida para frustrar o leitor que espera encontrar nele simplesmente o "mais do mesmo". Nele, ideias seminais de autoras e autores como Abdias do Nascimento, Kimberle Crenschaw, Donna Haraway, Walter Mignolo, Achille Mbembe, Milton Santos, Gayatri Spivak e outros do mesmo *naipe* dividem espaço com dados do IBGE, do IPEA, da OXFAM; a conceitos jurídicos de Direito Empresarial e Comercial se juntam recortes precisos e muito bem contextualizados da história do Brasil; *slogans* do movimento *Black Lives Matter* ilustram princípios do movimento *Black Money*. Para além dessa plurivocidade que, por si só, já faria desse livro algo especial, senão único, sua autora ainda nos toma pela mão e nos apresenta com extraordinária sensibilidade e rara competência conceitos como os de "feminismo da diferença", "pensamento de fronteira", "interseccionalidade", "empreendedorismo curativo", "decolonização", "diversidade epistêmica", "economia étnica", "afrofuturismo" etc., tudo ilustrado com exemplos do cotidiano e muito bem articulado com os conceitos de "Afroempreendedorismo" e *"Black Money"*, que formam a espinha dorsal da obra.

As duas partes do livro foram construídas em torno, respectivamente, dos conceitos de "Afroempreendedorismo" e de *"Black Money"*. Nos capítulos um e dois, que formam, juntamente com os dois subsequentes, a primeira parte da obra, somos apresentados ao conceito de Afroempreendedorismo, entendido como parte de um movimento não só econômico, mas, sobretudo, político de "soerguimento racial" e de "rompimento com práticas coloniais" há muito naturalizadas. Nesse ínterim, a autora realiza um interessante resgate histórico da experiência de resistência negra ao processo de reificação social e mostra como já práticas antigas – como as chamadas "relações de ganho" e as "Brechas Camponesas" – configuravam, desde o Brasil-Colônia, um tipo de protoempreendedorismo de caráter potencialmente libertador.

Os capítulos três e quatro ilustram exemplarmente o que a autora chama de "dimensão interdisciplinar" do tema Afroempreendedorismo ao situá-lo no plano de uma reflexão mais ampla que envolve tanto a perspectiva do pensamento de fronteira quanto as recentes discussões e conquistas do movimento feminista negro. Apresentado como uma prática ao mesmo tempo transformadora, subversiva e emancipatória, o Afroempreendorismo é aqui analisado como exemplo paradigmático de "subversão da lógica colonial", assim como uma importante ferramenta para a concretização do feminismo da diferença. Visto não apenas sob a lógica da sobrevivência, mas, antes e sobretudo, sob a perspectiva da resistência a condições históricas e sociais adversas, o ato de empreender praticado pela mulher e pelo homem negros nutre-se do propósito de tornar visíveis e senhores de seus próprios destinos aquelas e aqueles que, durante muito tempo, foram invisibilizados, subalternizados e alijados de sua própria liberdade e vontade.

A segunda parte da obra, estruturada em torno dos conceitos de *Black Money* e Economia Étnica, tanto quanto oferece ao leitor brasileiro informações valiosas e reflexões pertinentes sobre a origem e o significado político do Movimento *Black Money*, oriundo dos EUA, aponta para aquilo que, a meu ver, constitui um de seus mais importantes méritos: contribuir para a construção de uma "ideologia de resistência" que, de acordo com a autora, caracteriza-se por empreender práticas de associação entre os negros de modo que possam, juntos, formar "um corpo estratégico de luta contra o preconceito racial, práticas discriminatórias e problemas sociais".

Se no sétimo capítulo do livro, ao tratar do lugar do empreendedor negro, a autora retorna às suas reflexões iniciais sobre o processo de colonização para abordar os mecanismos da "ideologia colonizadora", que tanto no passado quanto hoje se esforçam para silenciar a voz negra e obliterar qualquer possibilidade de que essa voz ressoe para além dos muros da senzala (ou da cozinha), também eu, no fim desse pequeno elogio em forma de prefácio, gostaria de voltar a uma outra voz, também presente no início desse livro. Trata-se, na verdade, da primeira voz que ouvimos ao abri-lo: a voz da mãe-Marilha que certo dia disse à sua filha-Maria: "Aquilo que a vida não te der, toma! ".

Tenho certeza de que essa voz não caiu em ouvidos moucos, de que a semente não caiu em terra infértil: uma das provas disso é este livro, esta *outra-voz*. Quem dera fosse apenas um livro! Mas é mais do que isso: é "coisa boa", "coisa bonita" – *ifeoma*!

Belo Horizonte / Maio de 2019

REGINALDO JOSÉ HORTA[2]

---

2 Reginaldo é Professor na Universidade Salgado de Oliveira e do Curso de Filosofia do Instituto Santo Tomás de Aquino (ISTA). Possui Bacharelado Licenciado em Filosofia pela PUCMinas, Especialização em Filosofia pela UFMG e Mestrado em Filosofia pela Faculdade Jesuíta de Filosofia e Teologia (FAJE).

INTRODUÇÃO

Entre 2001 e 2014, o número de empreendedores brancos cresceu 3%, passando de 11,5 milhões para 11,9 milhões. Esse dado inaugura a pesquisa que observa os donos dos negócios no Brasil.[3]

Através do PNAD (Pesquisa Nacional por Amostra de Domicílios), pode-se constatar que, considerando-se o mesmo período (de 2001 a 2014), houve crescimento de 47% no número de empreendedores negros no Brasil, passando de 8,7 milhões para 12,8 milhões de pessoas autodeclaradas negras que ressignificam suas existências através do ato de empreender.[4]

Percebe-se, então, que o movimento empreendedor se intensificou sobremodo na última década e muitos associam este fenômeno ao gradativo aprofundamento da crise econômico-financeira que assola o país.

É verdade que não se pode ignorar o impacto de uma crise sobre o mercado, mas também não se pode desconsiderar o potencial transformador e de resistência humana frente às adversidades. Neste contexto, ganha força o ditado de que, diante da crise, "enquanto uns choram outros vendem lenços".

Por um lado, o ambiente restritivo instaurado pela crise contribui, sim, para impulsionar o ato de empreender. Muitos recém-desempregados acabam usando recursos provenientes do processo demissional para investirem em seus próprios negócios. Alguns que não vislumbram oportunidade de ascensão profissional em determinada empresa também podem,

---

3 Fonte: IBGE (PNAD 2001 A 2014). SEBRAE, 2016, p7.

4 Fonte: IBGE (PNAD 2001 A 2014). SEBRAE, 2016, p.7.

mesmo após anos de vínculo, se desligar para abrir seu próprio negócio. Outros podem desejar não mais receber ordens de ninguém e serem seus próprios patrões.

Na contramão, há aqueles que mesmo em tempos prósperos e abundantes, distantes de graves crises, não são integrados ao mercado de trabalho. Não são absorvidos, mesmo quando há procura. Não são vistos nem respeitados. Sempre confinados a tarefas subalternas, servis e submissas. Raramente vistos como patrões, chefes ou líderes.

Esta, em sua maioria, é a posição ocupada pelo negro frente ao mercado de trabalho no Brasil. A articulação de requisitos para preenchimento de vagas, como "ser possuidor de boa aparência", explicita práticas racistas há muito toleradas e até incentivadas por uma elite branca colonial empreendedora, que domina o mercado desde a chegada dos Portugueses às nossas praias.[5]

Por meio de estratégias maniqueístas, o negro se manteve ou à margem, ou ocupando as camadas mais rasas do mercado de trabalho. Neste cenário, o caminho da informalidade se mostrava como alternativa viável. Estratagema de sobrevivência negra imposto por condições socioculturais adversas.

O fortalecimento dos movimentos negros e feministas negros tem contribuído para que emerja o fenômeno socioeconômico-cultural do afroempreendedorismo. Esse fenômeno desenvolve-se em sintonia com uma ideologia[6] de valorização da identidade, da cultura e da história do negro.

---

5 Segundo IBGE, os trabalhadores negros ganham R$ 1,2 mil a menos que os brancos em média. (PNAD trimestral, 4º trimestre, 2017).

6 Neste livro usaremos a definição de ideologia apresentada por Marilena Chauí, segundo a qual ideologia "é um conjunto lógico, sistemático e coerente de representações (ideias e valores) e de normas ou regras (de conduta) que indicam e prescrevem aos membros da sociedade o que devem pensar e como devem pensar, o que devem valorizar e como devem valorizar, o

Embora não se trate de um movimento necessariamente nacional, no caso específico do Brasil, que carrega em sua história a marca do escravagismo, das desigualdades econômicas e sociais fortemente atreladas à questão racial, o afro-empreendedorismo se apresenta como uma estratégia social, que pretende restringir desigualdades, amenizar injustiças e desobstruir caminhos até então bloqueados e inacessíveis aos negros.

Em outra frente, a ascensão do chamado movimento *Black Money* (BM ou MBM, para alguns) também vem na esteira de ressignificação social do lugar do negro. Observando-se uma das vertentes do MBM, empresas começam a perceber, enfim, o poder de consumo do negro e o quanto a não-identificação deste com os produtos colocados no mercado comprometem vendas e fragilizam receitas.

A introdução no mercado de produtos destinados especialmente ao consumidor negro coaduna-se a este redimensionamento da presença do negro na economia, seja como empreendedor ou como consumidor, duas faces de uma mesma moeda.

Este livro pretende traçar um perfil do afroempreendedorismo e do movimento *Black Money*, suas nuances sociológicas, vertentes e implicações de ambos os fenômenos sobre a Economia Étnica e o futuro do negro no Brasil. Além disso, almeja lançar luz e suscitar debates que envolvam o enegrecimento empresarial e consumerista e seus impactos presentes e futuros.

Mais do que tudo, pretende-se aqui observar de forma interdisciplinar e crítica o lado negro do empreendedorismo.

que devem sentir e como devem sentir, o que devem fazer e como devem fazer". CHAUÍ, Marilena. O que é Ideologia. Coleção Primeiros Passo. São Paulo: Saraiva, 2002.

PRIMEIRA PARTE

MULHER NEGRA

DESENHADA COM TÉCNICA NANQUIM PELO ARTISTA PLÁSTICO MINEIRO **ALEXANDRE RATO**

Não me digam que a esperança morreu.
Eu vi uma negra vencendo!
Esta negra sou eu!
Feliz, guerreira, imensidão do
MAR, *pequenez da ilha...*
Simplesmente MARILHA.
Mãe da determinada Maria Angélica,
que aprendeu desde cedo:
"Aquilo que a vida não te der, toma!"

MARILHA DA CONCEIÇÃO DOS SANTOS
20 | 03 | 2019

1
O QUE É AFROEMPREENDEDORISMO?

Inicialmente, faz-se imprescindível ressaltar que qualquer abordagem sobre afroempreendedorismo precisa perpassar pela análise do que é empreendedorismo.

Originalmente, os termos derivativos "empreendedorismo, empreendedor e empreender" ligam-se à palavra francesa, de origem latina, *entrepreneur.*

Entrepreneur, por sua vez e segundo o Larousse[7], diz respeito ao chefe de uma empresa. É uma pessoa que, dentro de um contrato empresarial, se dedica a efetuar um trabalho sob sua responsabilidade, sem depender de chefe ou patrão. Ele é o chefe de si mesmo.

Gláucia Vale (2014), ao investigar detidamente o tema, narra as diversas modificações do termo e os autores que se associam a estas mudanças, construindo-o e difundindo-o. Gláucia Vale conta que Braude (1982) sustenta ter encontrado registro do uso da palavra empreender em 1709. Entretanto, o uso para identificar alguém que controla uma empresa apareceu em 1770, com Abbé Galiani e só vai se difundir a partir de 1823, com Saint Simon. Simon Blackburn (2011) associa a utilização do termo a Cattilon e Say, no *Essai sur la Nature du Commerce en Genéral*, publicado em 1755, pois nesta obra o

---

7 Le Petit Larousse Illustré 2000, HER 1999. P 387.

autor descreve o empreendedor como aquele que assume um tipo de risco associado a um empreendimento.[8]

Interessante destacar também que, segundo Baumol (2010), até o século XX, ingleses se referiam ao empreendedor como um aventureiro (*undertakers*).[9] O que, de certa forma, destaca um dos fortes aspectos que compõem o ato de empreender, que é o de correr riscos, se aventurar na realização de um sonho, de uma ideia criativa e que transforme, transgrida e revolucione.

Embora muitos estudiosos se dediquem a demonstrar as diversas vertentes do ato de empreender[10], pode-se dizer que o empreendedorismo possui duas dimensões sempre presentes em qualquer estudo:

a. uma que parte de uma construção interna do sujeito para com a atividade a ser desenvolvida, implicando em conseguir aliar características como a capacidade de antever oportunidades, de possuir uma mentalidade inovadora e de não ter medo de correr riscos (dimensão individual);

---

8 Vale, Gláucia Maria Vanconcellos. Empreendedor: Origens, Concepções Teóricas, Dispersão e Integração. Revista de Administração Contemporânea, On-line version, Vol. 18, N° 6, Curitiba, Nov/Dez , 2014.

9 Vale, Gláucia Maria Vanconcellos. Empreendedor: Origens, Concepções Teóricas, Dispersão e Integração. Revista de Administração Contemporânea, On-line version, Vol. 18, N° 6, Curitiba, Nov/Dez , 2014.

10 Gláucia Vale, por exemplo, apresenta cinco perspectivas teóricas para o tema: vertente econômica, vertente da inovação, vertente da psicologia, vertente da sociologia e vertente da sociologia econômica. Cada uma delas dedicada a explicar uma nuance do ato de empreender. Vide: Vale, Gláucia Maria Vanconcellos. Empreendedor: Origens, Concepções Teóricas, Dispersão e Integração. Revista de Administração Contemporânea, On-line version, Vol. 18, N° 6, Curitiba, Nov/Dez , 2014.

b. e outra que parte de uma relação deste empreendedor com o mundo que habita e com o momento vivido, bem como com a maneira que a sociedade, através de seus diversos elementos constitutivos, visualiza o papel que atribui aos empreendedores (dimensão relacional).

Nesta perspectiva, seria possível dizer que o empreendedorismo possui um marcador individual, partindo de um movimento do sujeito empreendedor, que se externaliza e impacta a coletividade, inovando, criando, ousando se embrenhar por novos caminhos.

Por outro lado, mas interligado ao anterior, como duas faces de uma mesma moeda, o empreendedorismo também possui um marcador altamente relacional; ou seja, para que se consolide, é necessário que este ato de empreender ocorra no mundo, em comunidade, impactando de alguma forma relações econômicas, sociais e políticas.

Numa sociedade econômica regida por uma dinâmica capitalista, empreender implica em equilibrar bem estas duas facetas, abrangendo tanto a dimensão individual quanto a relacional, impactando a economia em alguma medida e de forma insubmissa às relações de dominação impostas pelo mercado e pelo trabalho.

Posteriormente, surge o termo *entrepreneurship* (empreendedorismo), para qualificar a atividade de organizar, de controlar e de supor os riscos de uma empresa ou negócio.

Na Modernidade, empreendedor é aquele, entre outras coisas, que se responsabiliza por um negócio[11], assumindo o risco de lucrar ou perder. O termo, ademais, é frequentemente relacionado à criatividade e à ousadia de tentar materializar um sonho ou desejo inovador.

---

11 Entretanto, é importante destacar que empreendedor não é o mesmo que gerente, fiscal ou administrador de empresa. É um conceito muito abrangente e complexo. O empreendedor impulsiona o negócio para bem além e inova na economia, mas sempre disposto a correr riscos e passível de compreender e gerenciar derrotas.

1.1. DISTINÇÃO ENTRE EMPREENDEDOR E EMPRESÁRIO

É comum haver uma confusão entre os termos, muitos considerando-os sinônimos, embora este pensamento seja equivocado. Não há que se confundir a ideia de empreendedor com o conceito jurídico de empresário. Ambos podem estar relacionados ao desenvolvimento de uma atividade empresária, mas **nem sempre aquele que é empreendedor pode ser considerado empresário e o contrário também é verdade**, isto é, **nem todo empresário pode ser visto como um empreendedor.**

Como exposto anteriormente, a construção do conceito de empreendedor envolve uma forte noção de liberdade e de criatividade. Há que se ponderar, sim, que há momentos em que se empreende por necessidade, entretanto, mesmo esta é impelida por um ato criativo e ousado, que transgride e inova.

Contudo, o mesmo não se pode deduzir da construção do conceito de empresário. Tal conceito advém da evolução do Direito Comercial e das relações mercantis, que desaguam no século XX carecidas de nova estruturação normativa. É desta evolução que deriva a designação terminológica do Empresário. Faz-se fundamental, então, compreendê-la.

Pois bem, de antemão cabe destacar que é possível se encontrar atividade mercantil desde os primórdios da civilização. O escambo já permitia que trocas interessantes às partes fossem realizadas. **Ou seja, o comércio é antigo e importantíssimo para o desenvolvimento da humanidade.**

Na própria construção da História do Direito, um tripé se apresenta como fundamental: a invenção da escrita, a formação das cidades e a evolução do comércio.

É importante frisar, então, que a prática do comércio vem se desenvolvendo há muito no seio da humanidade. Entretanto, uma codificação regulamentando relações mercantis de forma organizada e robusta só vai surgir na Idade Média, nas cidades italianas, em decorrência das Grandes Navegações. Neste período, as chamadas Corporações de Ofício se organizam para proteger seus membros, que desenvolviam atividades mercantis e se viam desprotegidos face ao desenvolvimento acelerado provocado pela Expansão Marítima. Surgem, assim, as primeiras normas regulamentando a atividade mercantil de forma mais coesa e organizada. Tais normas tinham como alvo os membros das Corporações de Ofício, sendo invocadas sempre que estes delas necessitavam. Tem-se aí a **primeira fase de evolução do Direito Comercial.**[12]

Com o passar do tempo, a atividade mercantil se disseminou por outros países europeus, ao mesmo tempo em que os Estados Nacionais começam a se estruturar e fortalecer. A atividade mercantil e sua regulamentação passa a despertar cada vez mais interesse do Estado, que, aos poucos, vai trazendo para si a responsabilidade por normatizar a matéria. Em outra via, também pouco a pouco, ocorre um enfraquecimento das Corporações de Ofício, claras representantes da iniciativa privada.

Após a Revolução Francesa e com a ascensão de Napoleão Bonaparte ao poder, surgem novas legislações regulamentando diversas matérias. Em 1804, surge o Código Civil Napoleônico e por volta de 1808, é editado o Código Comercial Napoleônico. Estas duas codificações são responsáveis por inaugurar a **segunda fase de evolução do Direito Comercial,** trazendo a tratativa desta matéria para o monopólio do Estado e apresentando para o mundo uma nova teoria a ser utilizada para determinar a aplicação da legislação específica sobre a atividade mercantil.[13]

---

12 RAMOS, André Luiz Santa Cruz. Direito Empresarial. 7.ed.rev. e atual – Rio de Janeiro: Forense; São Paulo: MÉTODO, 2017. P. 32/33.

13 RAMOS, André Luiz Santa Cruz. Direito Empresarial. 7.ed.rev. e atual – Rio de Janeiro: Forense; São Paulo: MÉTODO, 2017. P. 34/35.

Surge a *Teoria dos Atos de Comércio*, e com ela uma nova dinâmica de aplicação da legislação comercial. Antes, o elemento determinante para se aplicar a norma comercial era se o sujeito era membro de uma Corporação de Ofício. A normatização oriunda da Idade Média destinava-se somente a este sujeito em especial: o membro da Corporação de Ofício.

Entretanto, com a codificação francesa, surge uma nova forma de se determinar a incidência da legislação mercantil. Era determinante para tal a aplicação da *Teoria dos Atos de Comércio*, pela qual os atos a serem considerados mercantis vinham destacados e arrolados em uma lista a ser verificada para a devida configuração de um ato como sendo mercantil ou não. Caso o ato estivesse listado, ou seja, fosse considerado um ato de comércio, aplicava-se o Código Comercial de 1808. Do contrário, aplicava-se o Código Civil de 1804.

Esta construção teórica foi eficiente durante um certo período de tempo, entretanto, a própria evolução das estruturas mercantis, impactadas pela Revolução Industrial, foi provocando fissuras na dinâmica normativa e, gradativamente, a *Teoria dos Atos de Comércio* foi se tornando obsoleta em face das novidades mercantis introduzidas e que não eram comportadas por uma teoria engessada e conservadora. Em meio a inúmeras críticas, esta teoria, também conhecida como *Sistema de Matriz Francesa*, foi perdendo força e aguardando para ser superada.

A superação da *Teoria dos Atos de Comércio* ocorre em 1942 com o advento do Código Civil Italiano, precursor de duas grandes viradas na tratativa da matéria mercantil. Na Itália, então, no início da década de 1940 inaugura-se a **terceira fase de evolução do Direito Comercial** e surge uma nova dinâmica para determinar a aplicação normativa da legislação mercantil. Nasce a *Teoria da Empresa*, superando a ultrapassada *Teoria dos Atos de Comércio* e determinando uma nova estratégia para o reconhecimento da atividade mercantil.

Passou-se, assim, a considerar fundamental não o elemento de mercantilidade atrelado à atividade do comerciante, mas sim o caráter de empresarialidade imposto ao ato daquele que desenvolvia suas atividades. Empresarialidade implicava em um exercício da atividade mercantil por um sujeito que agregasse em si todas as características distintivas do Empresário. Pois bem, o conceito de Empresário aparece, então, como divisor de águas para a evolução do Direito Comercial, que para muitos passa a ser identificado como Direito Empresarial, em consonância com o sistema dominante – o *Sistema de Matriz Italiana* (outra denominação da *Teoria da Empresa*).[14]

Além da *Teoria da Empresa*, o Código Civil Italiano de 1942 apresenta outra novidade paradigmática que se dá através da unificação formal do Direito Privado. Este Código traz em seu bojo tanto matéria de Direito Civil quanto matéria de Direito Empresarial. Ambos os temas na mesma codificação, o que em nada inviabiliza a manutenção da autonomia dos mesmos. Porém, um único corpo normativo passa, então, a tratar dos dois ramos do Direito Privado.

O Código Civil Brasileiro de 2002, inspirado no Código Civil Italiano de 1942, promove a unificação do Direito Privado e adota claramente a Teoria da Empresa. Há que se destacar, porém, que apesar do nome, tal teoria não explica, de antemão, o que seja empresa. Parte-se do conceito de Empresário para então se depreender o que vem a ser empresa.

O Art. 966 do CC/02 explica o **conceito de Empresário**, segundo o qual "considera-se empresário quem exerce profissionalmente atividade econômica organizada para a produção ou circulação de bens ou serviços".

---

14 RAMOS, André Luiz Santa Cruz. Direito Empresarial. 7.ed.rev. e atual – Rio de Janeiro: Forense; São Paulo: MÉTODO, 2017. P. 39/39.

Veja-se, para se considerar que há um exercício com **profissionalismo** é necessário que se aliem três aspectos: **habitualidade, pessoalidade e monopólio de informações.**[15] Por **habitualidade** se entende a prática recorrente, constante, frequente, não eventual ou esporádica. Neste sentido, aquele que exerce uma operação de venda de seu único veículo automotor e não mais pretende desempenhar qualquer atividade do gênero, não preenche o requisito da **habitualidade** e, portanto, não será considerado empresário. Além disso, para ser considerado empresário, é necessário exercer com **pessoalidade**, o que implica, embora haja divergências, em que o sujeito chame para si a responsabilidade do negócio, ainda que não conte com o auxílio de empregados e exerça sozinho a atividade. Por fim, para se preencher o requisito do **profissionalismo**, é necessário que se detenha **monopólio de informações**, que implica em ter domínio do assunto, da operacionalização, produção e comercialização do produto ou realização do serviço a serem desenvolvidos. Não se trata aqui de exclusivismo, mas sim de domínio dos meandros e complexidades da atividade desenvolvida, seja ela relacionada a produtos ou a serviços.

Então, será considerado empresário quem exerce **profissionalmente atividade**, mas a que atividade se está reportando o legislador? A atividade desenvolvida pelo empresário é a empresa. Isso mesmo! Empresa, na terminologia científica, não é aquilo que se tem, mas sim algo que se faz, que o empresário faz. Empresa nada mais é que a atividade desenvolvida pelo empresário.

Esta atividade não é qualquer atividade, é uma **atividade econômica**, ou seja, implica em uma intenção lucrativa. A atividade desenvolvida pelo empresário, portanto, visa lucro.

---

15 COELHO, Fábio Ulhoa. Manual de Direito Comercial: Direito de Empresa. 28ª edi. rev.,atual. e ampl. – São Paulo: Editora Revista dos Tribunais, 2016. p 34.

Ainda que este não seja efetivamente alcançado, a intenção primeva do empresário é sempre lucrar.

A atividade econômica do empresário deve ser **organizada**, o que implica em manipular alguns dos quatro fatores de produção, embora haja doutrinadores mais conservadores com relação ao tema.[16] Pode-se considerar que aquele que manipula um ou dois dos fatores de produção (mão de obra, matéria-prima ou insumos, capital e tecnologia) já pode se enquadrar no conceito de empresário. A exigência de que haja uma manipulação de todos os quatro fatores de produção restringe muito o âmbito de abrangência do conceito de empresário, deixando desprotegidas inúmeras atividades claramente empresariais.

Por fim, a atividade econômica organizada a ser desenvolvida deve se voltar para a **produção ou circulação de bens ou de serviços**, complementando o conceito de Empresário, que exige este desdobramento para sua plena compreensão.

Vê-se, portanto, que o conceito de Empresário possui uma dinâmica altamente normativa e científica. Diferente do que ocorre com o conceito de Empreendedor, que não possui conformação legal específica e que gravita em torno de elementos, muitas das vezes, de difícil materialização. **O empreendedor é aquele que ousa criar, que transgride a dinâmica vigente e se dispõe livre para emancipar.** Há na figura do empreendedor um elemento mais complexo do que aquele que se encontra no conceito frio e formal de empresário. *Nem todo empresário possui o dinamismo e a essência criativa e transformadora que existe no empreendedor. Por outro lado, nem todo empreendedor consegue estruturar sua atividade nos moldes racionais e formais do empresário.*

---

16 COELHO, Fábio Ulhoa. Manual de Direito Comercial: Direito de Empresa. 28ª edi. rev.,atual. e ampl. – São Paulo: Editora Revista dos Tribunais, 2016. p 36.

Sendo assim, vê-se que se trata de conceitos díspares e que podem ou não habitar o mesmo corpo, porém não é uma regra que isto ocorra. Perfeito seria que todo empreendedor tivesse uma veia empresarial e vice-versa. A chance de sucesso seria absurdamente maior.

Por fim, destaca-se que a essência do empreendedorismo está na liberdade e, por vezes, na necessidade, conceitos de ordem estritamente material. Diferente do que ocorre com a empresarialidade, cuja essência é puramente normativa e formal.

1.2. AFRO + EMPREENDEDORISMO

Segundo pesquisa do SEBRAE publicada em 2018,[17] considerando-se o total dos empreendedores do Brasil, verifica-se que ao se comparar empreendedores brancos e negros, é possível perceber que:

- não há diferença entre os gêneros;
- existe maior proporção de jovens (43% tem até 34 anos, contra 39% entre brancos);
- os negros ganham menos (52% recebem até 2 salários mínimos, contra 36% entre brancos);
- os negros são menos escolarizados.

Com base nestas informações, depreende-se que os negros trabalham com menos empregados, faturam menos e possuem menos chance de se destacar usando ferramentas intelectuais adquiridas tradicionalmente (em escolas).

Mas, apesar disso, o cenário vai se tornando mais favorável para o negro a cada ano[18] e isso tem uma relação muito estreita com o fortalecimento do processo de valorização da identidade negra que vem sendo construído há algum tempo e que acaba levando negros que até então não se declaravam como tais a se autodeclararem como negros, impactando pesquisas que possuam recorte racial. Porém, não é só isso.

---

17 Instituto Brasileiro de Qualidade e Produtividade (IBQP) – Análise dos resultados do GEM 2017 por raça/cor. Março 2018.

Há que se considerar também que as condições socioeconômicas do país, bem como suas nuances altamente discriminatórias e racistas, construíram um abismo racial que demanda atenção e cuidado. OXFAN (2017)[19] demonstra que a igualdade salarial entre brancos e negros no Brasil só seria possível em 2089. Ademais, hoje, 67% de negros recebem 1,5 salário mínimo.

Ao se abordar qualquer tema relacionado à questão racial no Brasil, é imprescindível ter-se em mente, e bem pontuada, que dos 10 milhões de negros que foram retirados à força da África para serem escravizados, 3.650.000 vieram para o Brasil, maior consumidor deste tipo de relação mercantil, bem como o último país a abrir mão desta prática. Em pesquisa em 2018, a OXFAM é incisiva em destacar que "desde 2011, a equiparação de renda dos negros está estagnada".[20]

Partindo deste ponto e levando em consideração todo o exposto anteriormente sobre empreendedorismo, há que se perceber que o ato de empreender realizado pelo negro, e que ganha o nome de Afroempreendedorismo, mais que um movimento para ganhar dinheiro ou inovar no mercado, almeja criar uma adição ou complexidade de valores que permitam ao sujeito negro transcender, ir além com liberdade.

---

18 Desde 2012, o número de negros empreendendo ultrapassou o de brancos, demonstrando que houve uma expansão expressiva no número de pessoas negras que passaram a se autodeclarar como tais (pretas ou pardas). Tais dados constam em comunicado do IPEA nº 91, de 12 de maio de 2011. Ver também UFRJ (2013). "O crescimento da participação dos pretos e pardos: dados da PNAD 2012". Tempo em Curso. Ano V; Vol. 5, nº 10; Outubro. Instituto de Economia.

19 Relatório "A distância que nos une" – 2017. Disponível em: <www.oxfam.org.br.>. Acesso em: 17/03/2019

20 País Estagnado – Um retrato das desigualdades brasileiras – 2018. Disponível em: <www.oxfam.org.br.>. Acesso em: 17/03/2019.

Nesta dinâmica, é possível determinarmos uma subdivisão do conceito. Há, por um lado, um **Afroempreendedorismo** *lato sensu* (**em sentido amplo**) e, por outro lado, um Afroempreendedorismo *stricto sensu* (em sentido estrito).

Afroempreendedorismo, em sentido amplo, *diz respeito ao movimento empreendedor realizado por negras e negros.* Tal fenômeno, no que tange ao seu nicho de atuação, não necessariamente deve se restringir a grupos de consumidores negros, podendo alcançar outros grupos étnicos sem que isso comprometa sua estrutura. Não se faz necessário, neste âmbito do ato de empreender, que o produto ou serviço prestado possua e explicite um compromisso ético com os ideais antirracistas e emancipatórios. Sendo assim, esclarece-se que, sob este enfoque, o **afroempreendedor não é somente aquele que se dedica a trabalhar para um mercado estritamente afro,** composto por negros, de modo a ressaltar cultura e valores étnicos. **Afroempreendedor, neste espectro amplo, é o negro que decide empreender, seja em qual ramo for e para qual público for, não se restringindo a alcançar somente consumidores negros.** O afroempreendedor não precisa trabalhar estritamente com a temática racial e nem observar se a cadeia produtiva se estrutura com um viés antirracista, ele pode empreender em qualquer esfera ou campo que desejar. O que o caracteriza como um afroempreendedor é exatamente a condição étnica deste sujeito e não o objeto de sua atividade. Dentro desta perspectiva, só o fato de se ter um corpo negro atrelado ao ato de empreender já significa um início de um movimento transformador.

Entretanto, é possível se observar corpos negros empreendendo sem que isto impacte sua atuação de modo a confluir para uma prática estritamente afroempreendedora. Embora isto já seja um importante começo – um fato altamente significativo, por tratar-se de uma presença estranha em um lugar raramente ocupado por corpos negros. Refiro-me aqui ao corpo negro assimilado pelo ideal de branquitude, que, embora seja negro, nada mais é que uma *longa manus* de corpos brancos. Neste sentido, para se determinar a prática empreendedora *lato sensu*, já basta este corpo negro empreendendo, independente de ter sido ou não assimilado por uma ideologia branca. Mas o impacto deste ato de empreender não é tão revolucionário como seria se houvesse um corpo negro, não assimilado, empreendendo.

Porém, isto não é bastante para se determinar uma prática afroempreendedora em sentido estrito, posto que para que esta se desenvolva, é necessária a observância de critérios mais taxativos e determinados. Nesta frequência, não basta que se tenha um corpo negro à frente do ato de empreender. Este corpo negro precisa atuar em consonância com os ideais antirracistas e discriminatórios, pautando-se, do início ao fim, por uma prática ética desracializada. Por conta disto, para se completar o ciclo afroempreendedor, é necessário se ter como objetivo uma prática empreendedora *stricto sensu*, cujo alcance não precisa se dar de imediato, mas que deve se apresentar como meta a ser conquistada gradativamente pelo sucesso do ato de empreender desenvolvido pela negra ou pelo negro.

Afroempreendedorismo em sentido estrito, por sua vez, diz respeito ao movimento empreendedor realizado por negras e negros, comprometidos em estruturar uma cadeia produtiva que respeite a questão racial, privilegiando práticas antirracistas em todos os momentos da construção do ato de empreender. Por exemplo, se uma negra ou um negro decide empreender no ramo da moda, é importante que se comprometa com uma cadeia produtiva antirracista, que não faça uso de trabalho análogo à escravidão atrelado à raça em nenhum momento (partindo desde a colheita do fio, ao preparo do tecido, à confecção da roupa, chegando até sua comercialização) e que também não deixe corpos negros alijados da prática empreendedora (tendo como modelos de suas produções somente corpos brancos, possuindo uma equipe de trabalho estritamente branca, ou produzindo especificamente para um público branco). Da mesma forma como um negócio vegano só faz sentido se respeitar em todas as etapas de produção a ideologia preservacionista do meio-ambiente, um negócio estritamente afroempreendedor também deve se pautar por um respeito à questão racial em todas as etapas produtivas. Este compromisso ético-racial é ponto crucial para a estrita definição da prática afroempreendedora e deve servir de parâmetro para todo afroempreendedor.

Tanto na dimensão ampla quanto na estrita, ter-se-á a configuração do afroempreendedorismo, entretanto, a plena materialização dos ideais antirracistas se completa quando se avança, ainda que gradualmente, do amplo para o restrito. Pode-se, então, considerar a estrutura como num movimento ascendente e convergente cujo intuito é fluir para uma prática que harmonize todos os pontos da cadeia produtiva em um único eixo, independente do tipo de produto desenvolvido ou de serviço prestado.

O Afroempreendedorismo pode ser conceituado, então, como um fenômeno ou estratégia de caráter econômico, político e social que impele o negro ou negra a desenvolver uma atividade empresária, criativa e inovadora, com ou sem o auxílio de colaboradores. Tal fenômeno se subdivide em *Afroempreendedorismo em sentido amplo* (atrelado ao corpo negro que empreende) e *Afroempreendedorismo em sentido estrito* (atrelado à preocupação ética de combater a exploração racial em todas as etapas da cadeia produtiva).

Tal fenômeno possui uma dimensão interdisciplinar, abordando aspectos da Economia, Administração, Direito, Sociologia e Psicologia. Por conta disso, pode ser tido por um conceito complexo, atravessado por várias questões advindas de pontos distintos das ciências humanas.

Entretanto, pode-se dizer, indubitavelmente, que o afroempreendedorismo permite ao negro se movimentar para ocupar lugares antes ocupados por maioria branca. Este fenômeno, assim, adquire uma complexidade histórica e geográfica, também, por permitir que outras narrativas sejam construídas por negros e negras conquistando papéis até então concedidos, de modo amplo e sem grandes esforços, somente à elite branca do país e também por modificar a estrutura física das cidades, introduzindo o negro em uma economia urbana distinta da tradicional.

Pode-se apontar como essência do empreendedorismo a ideia de **Liberdade (para criar, inovar, transgredir)**, embora muitas vezes o ato de empreender realizado pelo negro esteja muito mais relacionado à ideia de **Necessidade**, o que, ao final, também implicará em alcance de liberdade, como se verá à frente.

1.3. PRINCÍPIOS REITORES DO AFROEMPREENDEDORISMO

Obviamente, os mesmos princípios que regem o empreendedorismo em geral também se impõem quando o empreendedor é negro. Entretanto, não há um posicionamento homogêneo no que tange a tais princípios. Cada autor apresenta os que considera mais importantes, o que pode variar de 3 até 12 ou mais princípios.[21]

Elenco aqui aqueles princípios *sine qua non* da atividade empreendedora:

- **Domínio Metodológico**: é necessário que aquele que deseja empreender conheça os aspectos normativos e procedimentais que precisará adotar para ter êxito em seus propósitos. Enfim, deter domínio tal que o permita criar, planejar e organizar uma atuação segura. Para além disso, o empreendedor precisa saber controlar o espírito crítico, criativo e inovador, dominando toda a dinâmica de desenvolvimento de uma atividade empresária.

---

21 É comum encontrarmos princípios relacionados ao empreendedorismo e não atrelados ao afroempreendedorismo. Por isso, os que apresento aqui advêm de um processo de estudo e observação da atividade afroempreendedora.

- **Conhecimento do Mercado**: é necessário que, além do domínio dos aspectos formais que envolvem a atividade empresarial, também haja conhecimento das peculiaridades do ambiente em que pretende atuar, observando, analisando o público-alvo, poder aquisitivo dos possíveis clientes. E mais, é necessário conseguir desenvolver estratégias que unam o potencial criativo e ousado do empreendedor à compreensão do público que pretende alcançar, suas peculiaridades e pontos sensíveis ou mais frágeis.
- **Espírito Empreendedor**: também se mostra essencial que haja um afã interior que impulsione uma ação empreendedora, que inove, crie estratégias de resiliência, persistência e coragem para enfrentar dificuldades e superar obstáculos. A valorização da criatividade, da audácia, da esperança e da resiliência, tudo isso compõe o espírito empreendedor.

Os princípios apresentados até aqui são reitores de todo ato empreendedor, seja ele realizado por quem for. Para além, **tratando especificamente do Afroempreendedorismo, aos princípios anteriores pondem-se somar mais três, quais sejam:**

- **Unidade Racial**: o afroempreendedorismo, para além de se tratar de negros empreendendo, conforma um movimento político, de soerguimento racial e de rompimento com práticas coloniáis. Por conta disso, faz-se necessário que se estabeleçam relações mais próximas entre negros empreendedores, de modo a permitir que através de uma união de forças aconteça uma maior circulação de renda entre negros e que estes possam ocupar melhores lugares na pirâmide social.

Quanto maior a circulação de riquezas entre negros, maiores as chances de redução de miserabilidade e pobreza que assola este grupo étnico, daí decorre também um aumento da escolaridade, empregabilidade e ascensão social; o que contribui para a redução de violência e aumento do PIB nacional.

- **Valorização da Ancestralidade:** posto que, através da consciência histórica que perpassa pelo respeito à cultura, religião e práticas ancestrais, o afroempreendedorismo conseguirá alcançar o viés politicamente transformador e libertário que carrega em sua essência como elemento nuclear. O conhecimento e apego à história ancestral é importante para posicionar o afroempreendedor no solo onde se encontram suas raízes. Este movimento pela valorização da ancestralidade também repercute na construção da autoestima negra e na conformação de identidades, haja vista que houve uma manobra política e social de invisibilização e silenciamento do povo negro. O ato de empreender permite o resgate da voz de gerações silenciadas, estranguladas e que (em sua maioria) não puderam se dar ao luxo de empreender livremente.

O enaltecimento da ancestralidade[22] negra provoca uma retomada da identidade e uma reafirmação da importância da população negra para a "construção" do Brasil.

- **Desracialização da Cadeia Produtiva:** por este princípio, há que determinar como objetivo maior da atividade afroempreendedora que se desenvolva de modo a considerar uma ética produtiva coerente e linear, que se paute por uma ideologia antirracista, não discriminatória e realmente inclusiva. Somente neste patamar de atuação é que se pode considerar uma prática como

---

22 Atualmente, há estudos voltados para a herança epigenética, que trazem à tona a discussão acerca da transmissão de traumas e sofrimentos através do DNA. Segundo Fantappié, "Há evidências científicas de que hábitos de vida e o ambiente social em que uma pessoa está inserida podem modificar o funcionamento de seus genes" e isso poderá reverberar em seus descendentes. Portanto, é possível que muitos de nós carreguemos traumas ou doenças que tiveram seu gatilho sobre nosso ancestrais durante o período da escravidão. Estamos ligados à nossa ancestralidade por laços mais fortes do que podemos supor. Ver FANTAPPIÉ, Marcelo. Epigenética e Memória Celular. Disponível em:<www.revistacarbono.com >. Acesso em: 24 de maio de 2018.

afroempreendedora em sentido estrito. Tal processo de desracialização pode ser conquistado gradualmente e permitir que o afroempreendedor transite de uma posição afroempreendedora *lato sensu* (em que o ponto de destaque é o fato do empreendedor ou empreendedora ser negro ou negra), para uma outra e mais robusta, a do afroempreendedor *stricto sensu* (em que além do empreendedor ou empreendedora ser negro ou negra, há também um compromisso ético com toda a cadeia produtiva, de modo a evitar que se repliquem situações discriminatórias que já devem ter sido superadas por aquele negro que se emancipou através do ato de empreender).

DESTAQUES DO CAPÍTULO

Empreendedorismo
- ʃ Origem do termo e seus derivativos
- ʃ Conceito
- ʃ Dimensões

Dimensão Individual
Dimensão Relacional
- ʃ Distinção entre Empreendedor e Empresário
- ʃ Afroempreendedorismo

Conceito
Relevância
Essência
Princípios
Domínio Metodológico
Conhecimento do Mercado
Espírito Empreendedor
Unidade Racial
Valorização da Ancestralidade

2
O NEGRO E O ATO DE EMPREENDER

No processo de colonização, o negro é confinado a uma condição de coisa.[23] O *sujeito negro* desaparece e o que sobra é nada mais que mercadoria, *res*.

Entretanto, não há submissão que não comporte resistência. O negro é insubmisso e resiste o quanto pode e pelos meios possíveis e, quiçá, impossíveis.

Sobretudo nas cidades, muitas relações entre senhor e escravizado se estruturavam para além das casas-grandes. O escravizado, muitas vezes, ganhava as ruas e as relações de ganho se amoldavam facilmente. Tais **relações de ganho** se estruturavam através da formação de um acordo entre senhor e escravizado ou escravizada, permitindo-se que este ou esta saísse de casa para realizar atividades externas de comércio, como venda de salgados, doces ou frutas, combinando-se entre as partes que o ganho do dia, semana ou mês deveria ser repartido com o senhor.[24]

---

23 Schwarcz e Gomes narram que "não por coincidência os cativos apareciam nos inventários de senhores e traficantes como 'bens' — bens semoventes — que podiam ser vendidos, comprados e alugados". SCHWARCZ, Lilia Moritz; GOMES, Flávio dos Santos (Orgs.) *Dicionário de Escravidão e Liberdade*: 50 textos críticos. 1ª ed. São Paulo: Companhia das Letras, 2018. p.34.

24 Chamava-se "jornal" a diária que escravizados de ganho pagavam pela liberdade. NARLOCH, Leandro. *Achados e Perdidos da História* — Escravizados. Rio de Janeiro: Estação Brasil, 2017. p. 118.

Na dinâmica das relações de ganho, escravizados[25] poderiam sair para trabalhar no transporte de cargas, mercadorias diversas. Tudo sobre prévio e vantajoso acordo travado com seu senhor.

Em alguns momentos eram estruturadas também as chamadas **Brechas Camponesas**,[26] que se constituíam em pedaços de terra cedidos aos escravizados para cultivo próprio, podendo o excedente da produção ser até mesmo comercializado. Embora houvesse o compromisso de, nesta configuração relacional senhor/escravizado (a), ocorrer uma divisão dos frutos da colheita, havia ali um certo aroma de liberdade, além do que eximia o senhor de se onerar pela alimentação e mantença do escravizado/a agraciado/a pela concessão de terras. Este movimento foi tão promissor para alguns, que há relatos de que em Minas Gerais, no período de alta extração aurífera, formou-se um grupo de mulheres negras libertas que adquiri-

---

25 Importa destacar aqui esclarecimento trazido no livro organizado por Lilia Schwarcz e Flavio Gomes, de que "ninguem foi escravo no passado e, sendo assim, é forçoso destacar que todas essas populações foram mesmo escravizadas, pois introduzidas no país de maneira compulsória. Além do mais, diferentemente do que se acredita, se os escravizados foram vítimas, sim, também trataram de fazer muito mais que 'sobreviver'. Trouxeram, traduziram e modificaram culturas africanas, já em territórios tropicais." Sendo assim, nesta obra, embora em citações mantenha-se o termo "escravizado", opta-se por utilizar o termo "escravizado" para se referir àqueles que foram postos nesta condição a contragosto e não se submeteram mais do que o necessário.

26 São também chamadas de "roças dos escravizados". Na obra *Dicionário da Escravidão e Liberdade*, Schwarcz e Gomes esclarecem que "cativos transformaram tais 'concessões' em 'direitos costumeiros', e com isso produziram um dos alicerces da sua emancipação como comunidades camponesas (...)". SCHWARCZ, Lilia Moritz; GOMES, Flávio dos Santos (Orgs.). *Dicionário de Escravidão e Liberdade*: 50 textos críticos. 1ª ed. São Paulo: Companhia das Letras, 2018. p.29.

ram cativos para trabalhar para elas na exploração minerária. Estas mulheres ficaram conhecidas como 'negras minas'.[27]

Neste cenário, o escravizado ou escravizada de ganho, bem como os que aderiam às brechas camponesas, se valem, muitas vezes, destas relações para iniciarem um processo de compra de sua liberdade. A parcela do ganho que lhes cabia, ou dos lucros do cultivo comercializado, por vezes, era guardada e servia para comprar a própria alforria e também de filhos ou outras pessoas queridas.

Muitos, então, usavam estas oportunidades para desenvolver atividades comerciais que aproveitassem suas aptidões e conquistassem o público. Era necessário conhecer o mercado, as preferências dos consumidores, escolher uma boa localização (por vezes perigosamente disputada) para o tipo de atividade almejada e destinar recursos e tempo para a confecção ou desenvolvimento de produtos. Via-se aí, por certo, uma oportunidade de empreender. **Sim, negros empreendiam já no Brasil-colônia!**

Há que se constatar, assim, que o ato de empreender realizado pelo escravizado/a de ganho, ou pelo negro-campesino, erguia-se perante ele e todos os demais negros como um ato de resistência. Mesmo escravizado, o negro usou o empreendedorismo como caminho para a compra de sua liberdade. Realmente, poderíamos dizer aqui, sem força de expressão, que **o empreendedorismo liberta**.

Através do empreendedorismo, o negro deixa o lugar de coisa e passa a ocupar a posição de sujeito.

---

27 "As 'negras minas' dominavam o comércio a retalho urbano desde o período colonial e, eventualmente, enriqueciam. No auge da mineração, no século XVIII, entre os maiores proprietários de cativos das vilas mineiras estavam um pequeno grupo de negras minas libertas". CARVALHO, Marcus J. M. de. Cidades Escravistas in SCHWARCZ, Lilia Moritz; GOMES, Flávio dos Santos (Orgs.) *Dicionário de Escravidão e Liberdade*: 50 textos críticos. 1ª ed. São Paulo: Companhia das Letras, 2018. p.159.

A força do empreendedorismo, para o negro, desde a Colônia, significa muito mais que abrir seu próprio negócio; essa força transformadora do ato de empreender não só significava, ela ressignificava o negro. Este, então, retomava sua humanidade e se libertava dos grilhões da escravidão.

Essa possibilidade de que o ato de empreender possa servir para transformar vidas, impulsionar sonhos e ressignificar existências permanece até os dias atuais.

Hoje, cada vez mais negros têm conseguido empreender, sobretudo no campo formal; mesmo que atuando sozinhos, sem a ajuda de empregados. Há empreendedores por necessidade e outros que o fazem dadas as oportunidades que surgem; esta iniciação, seja de um modo ou de outro, impacta profundamente o desenvolvimento da atividade empreendedora. Na esfera da informalidade, muitos negros já buscavam estratégias lícitas de custear sua existência e manter a família. Mas, desenhando-se um cenário diferente, cada vez mais negros têm conseguido desenvolver atividades empresárias dentro das formalidades legais, ou seja, devidamente registrados e cumprindo todos os dispositivos legais correspondentes (por conta própria ou com empregados).

Haja vista o conceito de Empresário, previsto no art. 966 do Código Civil de 2002, depreende-se que para que alguém seja considerado empresário independe da formalização do registro na Junta Comercial. Mesmo aquele que exerce empresa (que é a atividade desenvolvida pelo empresário; ou seja, exercida com empresarialidade) sem estar devidamente registrado no órgão competente, ainda assim será considerado empresário, entretanto, um empresário informal, melhor dizendo, será um empresário irregular. A regularização da atividade empresária advém do registro.

Com base em dados registrários, é possível se verificar a quantidade de empreendedores negros que atuam no campo da formalidade hoje no Brasil. Entretanto, há pesquisas que focam em empreendedores de modo geral, sem diferenciá-los dos empresários, sejam registrados ou não. E em todas essas pesquisas se tem constatado que a presença negra no empreendedorismo tem se tornado cada vez maior, superando mesmo a participação dos brancos. Estes negros são afroempreendedores e suas histórias são muito maiores e antigas do que demonstram as pesquisas.

Vejamos, então, por que este fenômeno, o afroempreendedorismo, tem crescido tanto?

DESTAQUES DO CAPÍTULO

O negro frente ao empreendedorismo

O negro
ꝗ Visto como sujeito
ꝗ Visto como coisa/*res*

Quando o negro começou a empreender no Brasil?
ꝗ Relações de Ganho
ꝗ Brechas Camponesas
ꝗ Negras Minas

Importância do empreendedorismo para os negros

3
DESCOLONIZANDO O EMPREENDEDORISMO

O ato de empreender impulsiona o homem desde os primórdios, projetando-o para além, permitindo seu sustento e promovendo o comércio. Entretanto, com relação ao negro, este processo de autoimpulsionamento mercantil foi fortemente prejudicado pelo processo de racialização do ser.[28]

---

28 Achille Mbembe, por sua vez, trabalha com uma Teoria Crítica da Razão Negra e defende a tese de que a ideia de negro e de raça nada mais são do que construções linguísticas que se atrelam a uma condição de subalternidade e que podem ser utilizadas para designar corpos em situações fenotípicas diferentes. A noção do que se entende por negro pode variar a depender das condições político-econômicas que permeiam as relações sociais. O mesmo ocorre com a ideia de raça, que ganha contornos e significados distintos em momentos variados da história e cujo emprego pode servir para categorizar grupos ou corpos que se afastam da ideologia dominante. O autor demonstra que na África, esta designação de negro é esvaziada, posto que lá todos se encontram em uma situação relativamente assemelhada. O emprego linguístico de negro e de raça começa a fazer sentido quando do surgimento do chamado "Atlântico Negro", que triangulariza relações de poder e cria espaços de submissão e domínio de um grupo sobre outro. MBEMBE, Achille. *Crítica da Razão Negra*. Rio de Janeiro: N1 Edições. 2018.

3.1. A RAÇA COMO FRONTEIRA

Grosfoguel[29] esclarece que o pensamento de fronteira não é um pensamento fundamentalista ou essencialista daqueles que estão à margem ou na fronteira da modernidade. Justamente por estar na fronteira, esse pensamento está em diálogo com a modernidade, porém a partir das perspectivas subalternas. Em outras palavras, o pensamento de fronteira é a reposta epistêmica dos subalternos ao projeto eurocêntrico da modernidade.

Ainda segundo o renomado autor[30], na perspectiva do projeto decolonial, as fronteiras não são somente este espaço onde as diferenças são reinventadas, são também loci enunciativos de onde são formulados conhecimentos a partir das perspectivas ou experiências dos sujeitos subalternos. Sendo assim, a restituição da fala e da produção teórica, política e econômica de sujeitos que até então foram vistos como destituídos da condição de falantes e da habilidade de produção de teorias, de ciência e complexidades, permite que o corpo negro oprimido seja reposicionado política, social e economicamente, (re)significando discursos emancipatórios construídos sem a participação do sujeito oprimido, porém destinados a eles, mantendo a prática de dominação de outrora.

Quando se fala em fronteira, deve-se pensar em diversidade epistêmica. O negro é o ser fronteiriço por excelência na construção do modelo colonial. Em todo o processo escravagista, mesmo quando o "bom senhor" concedia à sua "peça" a possibilidade de ter uma "brecha camponesa", o que poderia significar novas formas de viver e ser para o escravizado, este

---

29 GROSFOGUEL, Ramón. *Para descolonizar os estudos de economia política e os estudos*: Transmodernidade, pensamento de fronteira e colonialidade global. Revista Crítica de Ciências Sociais 80, Março 2008: 115-147. BERNARDINO-COSTA Joaze e GROSFOGUEL, Ramón. *Dossiê*: Decolonialidade e Perspectiva Negra. Soc. Estado. Vol.31 n°1 Brasília Jan/Apr. 2016.

30 Idem

ainda permanecia silenciado, invisibilizado e usado, sobretudo, para diminuir os gastos do seu senhor ou para aumentar os lucros daquele. O negro ocupava o limiar entre o humano e o inumano, entre o ser e a coisa. A fronteira entre o lugar e o não-lugar.

Achille Mbembe[31] posiciona-se no sentido de que:

> Para o racista, ver um negro é não ver que ele não está lá; que ele não existe; que ele não é outra coisa senão o ponto de fixação patológica de uma ausência de relação. É necessário, portanto, considerar a raça como algo que se situa tanto aquém quanto além do ser. É uma operação do imaginário, o lugar de contato com a parte sombria e as regiões obscuras do inconsciente.

Nesta esteira, a raça faz as vezes de fronteira, ao mesmo tempo um lugar de encontro, de contato, e também de desencontro e separação. Mais uma vez, Achille Mbembe acrescenta que "a raça é um lugar de realidade e de verdade – a verdade das aparências. Mas é também um lugar de ruptura, de efervescência e de efusão".[32]

3.2. COMO A IDEIA DE RAÇA INTERFERE NO ATO EMPREENDEDOR?

A invenção da ideia de raça, apontada anteriormente, e a construção ideológica que advém deste processo subclassificando o negro, desumanizando-o e coisificando-o interfere profundamente na atividade empreendedora do negro.

Sendo assim, não há como dissociar o ato de empreender realizado pelo negro, rotulado atualmente como afroempreendedorismo, de todo o processo de colonização e escravização do negro.

---

31 MBEMBE, Achille. *Crítica da Razão Negra*. P 69-70. N-1 edições, 2018.

32 MBEMBE, Achille. *Crítica da Razão Negra*. P 70. N-1 edições, 2018.

O negro escravizado empreende, quando possível, para se libertar. O ato de empreender aproxima-se, aqui, da ideia de humanização. Nesta medida, empreender implica em libertar-se, deixar de ser mercadoria e passar a ser sujeito.

Após o processo de abolição da escravatura e de instauração da República,[33] no Brasil, último país a abandonar prática escravista, é sabido que não houve qualquer estratégia que contemplasse o negro recém-liberto, algum plano de integração da população negra, ex-escravizada, ao mercado de trabalho e à economia local, pelo contrário, os negros sofriam diversas insurgências de silenciamento, invisibilização e restrição de direitos.

Para alguns poucos que conseguiam se afastar das garras de uma existência marginal, na mendicância ou prostituição, o ato de empreender significa esperança e emancipação. Entretanto, as dificuldades restringiam a possibilidade de inserção do ex-escravizado ou da ex-escravizada no mercado de trabalho, agora em disputa também com o imigrante europeu recém-chegado. Mas restava o trabalho doméstico.[34]

---

33 Walter Fraga conta que "Nos anos iniciais do Brasil republicano, recrudesceu o controle sobre os candomblés, batuques, sambas, capoeiras e qualquer outra forma de manifestação identificada genericamente como 'africanismo'. Esse antiafricanismo teve implicações dramáticas para as populações negras, pois reforçou as barreiras raciais que dificultavam o acesso a melhores condições de vida e a ampliação dos direitos de cidadania. " FRAGA, Walter. Pós-abolição; O dia seguinte in SCHWARCZ, Lilia Moritz; GOMES, Flávio dos Santos (Orgs.) *Dicionário de Escravidão e Liberdade*: 50 textos críticos. 1ª ed. – São Paulo: Companhia das Letras, 2018. p.159.

34 Ao explicar a relação dos elementos socialmente sobredeterminados, que são classe e raça, Silvio Almeida esclarece que "A situação das mulheres negras exemplifica isso: recebem os mais baixos salários, são empurradas para os 'trabalhos improdutivos' – aqueles que não produzem mais-valia, mas que são essenciais, a exemplo das babás e empregadas domésticas, em geral negras que, vestidas de branco, criam os herdeiros do capital –, são diariamente vítimas de assédio moral, da violência doméstica e do

Esclareça-se, mantém-se uma estrutura de trabalho altamente servil, que confina negros/as em um outro tipo de senzala, porém submisso aos seus "senhores", como sempre o foram.

Neste processo de evolução, o ato de empreender, para o negro, preservou seu significado nuclear, que é a chance da libertação, da humanização. Porém, quanto mais avança o processo de busca por trabalho para a população negra, inúmeras portas se mantêm fechadas, obstruídas por práticas racistas que impedem a absorção da mão de obra negra pelo mercado.

Em um ambiente de escassez de oportunidades guiadas por um mercado racista e com forte ranço colonial, o ato de empreender, em muitos casos, acaba aparecendo como única alternativa. **O negro é, e sempre foi, colocado à margem de uma sociedade que ainda atua num padrão europeizado e numa dinâmica colonial – o que implica em considerar a submissão dos negros aos brancos como algo natural e essencialista.** Essa naturalização da discriminação implica no soerguimento de barreiras quase intransponíveis, que se impõem colossais ante o **sujeito-rejeito negro.**

Assim, empreender não se apresenta só como um caminho para a liberdade. Se mostra como única alternativa para o negro que não quer mais ser rechaçado, impedido de trabalhar em ambientes que exigem "boa aparência", experiência ou domínio de alguma língua estrangeira, carta de recomendação ou quaisquer outros artifícios usados para excluir, rejeitar o negro que não alcança os padrões desejados (obstáculos minuciosamente orquestrados para fazer parecer justo e meritocrático um processo altamente discriminatório e excludente).

---

abandono, recebem o pior tratamento nos sistemas 'universais' de saúde e suportam, proporcionalmente, a mais pesada tributação. A descrição e o enquadramento estrutural desta situação revelam o movimento real da divisão de classes e dos mecanismos institucionais do capitalismo". ALMEIDA, Silvio. *O que é racismo estrutural*. Belo Horizonte: Letramento, 2018. p. 145/146.

Para o negro, o ato de empreender, então, pode significar libertação ou resistência. Libertação das amarras hostis de uma colonialidade massacrante. Resistência a uma insistente prática discriminatória e que se esforça por confinar o negro em um lugar marginal, quase em um lugar-nenhum.

Dentro desta temática, porém, é importante destacar que os autores que trabalham com a ideia de colonialidade e seu oposto, a decolonialidade, se posicionam de forma bastante radical, inspirando, inclusive, um total rompimento com a ideologia capitalista, compreendida por eles como um grave entrave para a superação do modelo colonial. **Porém, neste livro, me posiciono em sintonia com os autores decoloniais, mas não de forma tão radical em face ao capitalismo, haja vista que o próprio ato de empreender se desenvolve dentro de uma dinâmica capitalista.**

Considero que o caminho trilhado pelos pensadores decoloniais convergem com muitos dos aspectos que contornam o fenômeno afroempreendedor, embora este se situe ainda em uma proposta altamente capitalista. Neste viés, compreendo que o afroempreendedorismo se aproxima de uma ideia de decolonialidade, menos radical, mas que inaugura um primeiro passo de uma jornada para a completa ruptura com a ideologia selvagem que alicerça o capitalismo atual.

Quando o negro opta por empreender, tem-se aí um movimento contrário ao que é colonial, na contramão da colonialidade.[35] Considero, então, **estar-se diante de um movimento**

---

35 A colonialidade é conceito cunhado por Anibal Quijano, em seus estudos sobre Modernidade/Colonialidade. Walter Mignolo explora o conceito atrelando-o ao lado escuro da Modernidade. Mignolo defende que não há que se falar em modernidade sem se tratar de colonialidade. Esta se coloca como o "outro lado da moeda" da modernidade. Esta colonialidade envolve um conjunto de estratégias de dominação, manipulação e preservação de poder que visa aniquilar ou, no mínimo, controlar, tudo o que não é conveniente à ideologia da colonialidade. O conceito de colonialidade já traz consigo decolonial[36] brando, ou seja, que pretende (ainda que de forma muito menos radicalizada que a pensada pelos autores estudiosos do tema) descolonizar (ou construir uma primeira estratégia de descolonização) o empreendedorismo, subvertendo as antigas dinâmicas e rompendo com velhas estruturas, porque o negro marcado pela sujeição, coisificação e invisibilizado, passa, por suas próprias mãos, a tecer uma nova trama socioeconômica e cultural. O negro deixa de ser assenhorado e passa a ser realmente senhor de si; deixa de ser empregado e passa a ser empregador. Subverte-se a lógica colonial. Subverte-se o empreendedorismo e mostra-se que negros também podem e devem empreender e que este movimento não pode advir apenas de acordos entre senhor/escravizado, como ocorria no período colonial.

Ao empreender o negro, desprende-se da ideia servil à qual sua imagem foi, estrategicamente, associada e pela qual sua identidade é atravessada.

---

uma intenção descolonizadora. A própria percepção da colonialidade já promove uma antevisão de um projeto de descolonização. MIGNOLO, Walter D. Colonialidade: o lado mais escuro da modernidade. *Revista Brasileira de Ciências Sociais*, vol 32, n. 94, 2017.

36 O movimento decolonial visa descolonizar estruturas fundadas em uma perspectiva colonial, eurocêntrica, embranquecida e que comporta relações de subalternização, domínio e mando não mais adequadas nos moldes modernos. Vide texto do Aníbal Quijano: Colonialidade do poder, eurocentrismo e América Latina.

Ressalto, mais uma vez, que meu posicionamento apresentado neste livro (de que o afroempreendedorismo representa um movimento decolonial) não reflete nem expressa a radicalidade do movimento decolonial, que em sua complexidade pretende uma completa ruptura com o capitalismo vigente. Esta obra, por sua vez, trabalha com uma temática integrada ao capitalismo (empreendedorismo), mas que antevê um caminho para uma outra dinâmica e considera o afroempreendedorismo como um dos primeiros passos firmemente dados nesta outra direção. O afroempreendedorismo, aqui, ganharia uma função disruptiva.

Entretanto, para que este processo ocorra, é necessária uma revolução interna, quase psíquica, do ser negro, que se liberta do peso ideológico que a discriminação racial impõe.

Então, quando falamos de afroempreendedorismo, não estamos tratando somente de um fenômeno de mercado, mas também, e sobretudo, de **uma complexidade de movimentos que impulsionam sujeitos a se deslocar do lugar servil e submisso a que estiveram confinados a contragosto e a expandirem-se, irem além, transcender.** Esta transposição da bolorenta barreira colonial implica, enfim, a uma emancipação abolicionista.[37] Nesta chave de raciocínio, percebe-se um propósito disruptivo do afroempreendedorismo e de tudo o que ele representa.

Este deslocamento, para além de econômico-financeiro, é social, cultural-ideológico, geográfico e histórico. É, sobretudo, transgressor. Quando um sujeito posicionado socialmente no lugar de oprimido se desloca e busca novas formas de existir, assumindo riscos, desenvolvendo uma atividade empresária, construindo novos negócios, há todo um colapso estrutural derivado do movimento transformador. Passa a existir uma nova dinâmica no jogo social e, portanto, velhas regras são esvaziadas e novas passam a se fazer necessárias.

O **reposicionamento do negro** no âmbito dos negócios implica em um giro fundamental em que se abandona a posição de mercadoria e atravessa-se para a posição de sujeito-mercador. Há um deslocamento do *negro-coisa* para *negro-ser*, e isso é paradigmático.

---

37 Permitindo que o negro se desvincule do ranço colonial e racista que se estruturou na sociedade e que se perpetuou para além da abolição. O texto explora a ideia de que é preciso se buscar uma emancipação realmente abolicionista, que promova a real libertação das amarras coloniais reproduzidas diuturnamente no país.

Numa perspectiva feminista e interseccional, este movimento se mostra ainda mais ousado e emblemático, ao permitir que a tradicional linhagem de empregadas domésticas se rompa e uma nova geração de mulheres possa se permitir estraçalhar os grilhões ingratos da tradição.

Essa mulher que transgride e, insubmissa, ousa empreender, promove um movimento que gera repercussões em muitos outros aspectos da vida. Por exemplo, quando a mulher exercia a atividade de empregada doméstica, muitas das vezes, saía de casa deixando os filhos menores sob os cuidados dos maiores para ir se dedicar aos filhos dos patrões (novos títulos para velhos nobres). Estes patrões de hoje nada mais são que os filhos e netos dos senhores de engenho de outrora. Muitas dessas mulheres passavam toda a semana fora, alojadas em seus infames "quartos de empregada" (redimensionamento da ideia de senzala), coisificadas.

Quando essa mulher transgride, seja por qual motivo for, desemprego ou desespero, toda a engrenagem precisa se mover. Ela passa por uma transformação psíquica, envolvendo recuperação de autoestima e autocuidado, que reverbera essa energia por todo o seu entorno e além. Passa a poder gerenciar melhor suas finanças e seus horários de trabalho, o que permite que consiga conciliar trabalho e maternagem. Isso permite uma mudança na estrutura familiar cuja ausência materna provocava irreparáveis fissuras. Assim, a mulher negra-mãe-empreendedora interfere até no desempenho escolar de seus filhos, em suas possibilidades profissionais e em seu futuro. Com isso, há redução do índice de violência e criminalidade, proporcionado pelo suporte presencial dado pela mãe-negra-empreendedora à sua prole renegada e fatidicamente destinada a se tornar índice do genocídio negro que avassala o país.

Vê-se, assim, que não há como tratar de afroempreendedorismo sem falar de feminismo e interseccionalidade,[38] que é o atravessamento de posições sociais distintas, mas inseparáveis (como ser mulher, mãe, negra e empreendedora, por exemplo), e que marcam nosso estar, agir e reagir no mundo. O ato de empreender desempenhado pelo negro e, sobretudo, pela mulher negra é atravessado por diversos elementos que impactam significativamente sobre a dinâmica socioeconômica de toda a sociedade. Por isso, o empreendedorismo atrelado ao movimento feminista negro não é só um ato simples, trata-se de um ato complexo, porque repercute sobre estruturas fixadas há séculos, subvertendo-as. É mais que empreendedorismo. É o AFROEMPREENDEDORISMO. Um fenômeno atravessado por elementos como raça, gênero e classe. Firmado como um processo de subversão do empreendedorismo em seus moldes convencionais.

Há aqui toda uma carga social e emocional que merece suporte. O afroempreendedorismo merece muita atenção.

---

38 Sugiro a leitura dos textos da escritora Kimberle Crenshaw. Destaque para "A Intersecionalidade na Discriminação de Raça e Gênero". Disponível em:< http://acaoeducativa.org.br/fdh/wp-content/uploads/2012/09/Kimberle-Crenshaw.pdf >. Acesso em: 23/03/2019.

DESTAQUES DO CAPÍTULO

Raça como fronteira
Posição marginal do negro
O Afroempreendorismo como estratégia de subversão do empreendedorismo
O reposicionamento do negro pelo ato de empreender

Atravessamento do Afroempreendedorismo pelos elementos: raça, gênero e classe
Emancipação Abolicionista
Reposicionamento do negro

4
FEMINISMO NEGRO E EMPREENDEDORISMO CURATIVO

4.1. O FEMINISMO DA DIFERENÇA IMPULSIONA O CORPO NEGRO

Quando Gloria Anzaldúa[39] traz à tona, em sua obra que trabalha com a consciência da mestiça, aspectos fixadores de identidade que perpassam pela noção de diferença, a discussão feminista ganha novo fôlego e passa a sentir correr sangue novo em suas veias.

Anzaldúa introduz num modelo feminista norte-americano construído por mulheres brancas de pensamento tonificado pelo saber hegemônico uma dúvida sobre a predominância das ideias até então difundidas. Quando as pautas até então defendidas por aquelas mulheres começam a ser reproduzidas sob um outro olhar, o olhar da mulher subalterna (que não se encaixa nos padrões binários de gênero, ou cujo dilema gravita em torno da questão racial), abrem-se novas perspectivas que irão contribuir fortemente para uma transformação do pensamento feminista clássico e para a expansão do feminismo da diferença.

No feminismo da diferença, encontram-se intenções de se valorizar demandas e pautas trazidas de outros lugares, de outras vivências, que se deslocam do espaço hegemônico e

---

39 ANZALDÚA, Gloria. La Consciencia de la mestiza/ Rumo a uma nova consciência. *Revista de Estudos Feministas*. Vol 13, n° 3, Florianópolis Set/out 2005.

percorrem um outro caminho, ainda estreito, mas em franca expansão. As ideias apresentadas pelo feminismo da diferença contribuem de modo significativo para o surgimento de debates sobre interseccionalidade e outras formas de se conduzir o movimento feminista.

A ideia de diferença defendida, na década de 1980, por Nancy Fraser,[40] dentre outras autoras feministas de destaque, começa a alargar as dimensões até então percorridas pelo movimento feminista tradicional. Agora começam a surgir outros aspectos a serem considerados relevantes para a construção de pautas feministas, como as diferenças culturais, econômicas, raciais, étnicas, e que encharcam o movimento de novas formas de se pensar, de novos saberes e novas necessidades.

Na verdade, não se tratavam de novidades tão inovadoras assim. O que ocorria, até então, era que essas demandas periféricas (subalternizadas) eram postas num lugar de menor importância. Entretanto, a partir das teorias alargadoras do feminismo da diferença, essas pautas passaram a adquirir nova dimensão, abarcando outros olhares e vivências.

Este momento de autorreflexão e redefinição do movimento feminista norte-americano contribui para o fortalecimento do movimento feminista negro, que passa a fazer parte do cenário à medida que defende pautas atreladas a um grupo até então marginalizado.

Percebe-se que as pautas das feministas tradicionais não escovavam a contrapelo a realidade latente. Era preciso mudar de perspectiva.

Neste diapasão, a contribuição das teorias trazidas e defendidas por Gloria Anzaldúa são altamente importantes para que o movimento feminista negro possa, hoje, ocupar o lugar incômodo que ocupa. Incômodo por exigir a integração de novas figuras no jogo de reivindicações.

---

40 FRASER, Nancy e HONNETH, Axel. Redistribución o reconocimiento? *Un debate político-filosófico*. Madrid: Morata, 2006.

A consciência da mestiçagem permite que se abram espaços para outras perspectivas também subalternizadas e que almejavam, há muito, por ocupar o espaço de alcance do foco de luz.

O feminismo da diferença impulsiona o corpo negro, feminino e masculino, para a luta feminista maior, implicando no reconhecimento de interseccionalidades que indexam corpos enegrecidos e silenciados pela colonialidade. **Sendo assim, o afroempreendedorismo pode aparecer como uma interessante ferramenta para a materialização do feminismo da diferença, impulsionando e visibilizando corpos, promovendo recuperação de identidades e reexistências.**

Mas qual é o ponto que entrelaça o afroempreendedorismo com o movimento feminista da diferença, com a interseccionalidade e com a emancipação e o soerguimento de um determinado grupo étnico?

4.2. O AFROEMPREENDEDORISMO CURA?

Em um país marcado pela discriminação de raça, de gênero e de classe, ocorrendo uma intersecção destas em muitas circunstâncias, os negros carregam vivências altamente traumáticas e perturbadoras.

O hábito cínico de se considerar que não há racismo no Brasil, um país marcado por uma segregação racial velada e simbólica, que manipula estratégias de dominação pautadas por aspectos econômicos (altamente influenciados pelo histórico escravagista e desumanizador), adoece corpos já fragilizados por uma carga histórica que os coloca num lugar fronteiriço e menosprezado.

Dentro deste espaço de circulação, ser negro é carregar o fardo da subserviência e abnegação. Esta roupagem é imposta ao negro neste país, em que há uma hipersexualização da mulher negra e uma hipovalorização da intelectualidade desta mesma mulher; em que o sistema da meritocracia é usado como baluarte de justiça enquanto a concessão de oportunidades de desenvolvimento intelectual-cultural é restrito ao grupo historicamente dominante (o branco); em que se convive diuturnamente com o extermínio da população negra e que lota as favelas e os presídios (o encarceramento em massa de negros vem sendo naturalizado e exposto como última estratégia viável para a conquista da tão desejada paz).

É este o contexto atual em que negros e negras são criados, desde a mais tenra infância. Ouvir rumores de que não se é capaz, não possui inteligência suficiente, é forte candidato à marginalidade, certamente cairá nas drogas e na prostituição, é louca e sem educação, não sabe se portar em ambientes elegantes, por exemplo, são tão comuns que chegam a se naturalizar. E a naturalização dessas práticas é extremamente cruel e nociva.

O ato de empreender possui viés altamente curativo para negros e negras à medida que se configura como um movimento de resistência a condições extremamente hostis e socialmente adversas. O processo de empreendedorismo para o negro, desde seu *start* até a efetiva materialização, apresenta-se como um processo de cura, de reinvenção e soerguimento.

Poder-se-ia dizer que o afroempreendedorismo caracterizar-se-ia como uma espécie de empreendedorismo curativo, voltado para a reconstrução da identidade e da saúde da população negra, na medida em que fortalece processos de integração social e autovalorização. Não há como desprender o afroempreendedorismo da noção de sucesso e fator de elevação da autoestima de negras e negros, há muito oprimidos por uma sociedade que pratica de modo ostensivo um racismo velado e simbólico. Na complexidade que emana deste fenômeno, caracterizado por diversos aspectos interseccionais (raça, classe e gênero), pode-se considerar como uma de suas implicações o impulsionamento em direção a um caminho para a autovalorização, o autorreconhecimento. Há que se olhar para dentro e buscar um compreender-se, perceber-se capaz e ousar tentar, se permitir ir além, transcender.

Este movimento implica em um trabalho interno de percepção de si e de tudo o que advém desta percepção. Ao empreender, o negro firma seu propósito de tornar-se visível e senhor de seu destino. O aspecto libertador que o movimento empreendedor gerava para o negro cativo do período colonial persiste, de certa forma, posto que ainda opera uma significativa transformação existencial, o que também serve para demonstrar que o negro, mesmo no pós-abolicionismo, se manteve cativo a práticas discriminatórias e altamente coloniais.

Trata-se, portanto, de um movimento transgressor, de reexistência e de cura de feridas secularmente abertas e ainda em chagas. Este efeito curativo alcança tanto negros quanto negras. Entretanto, para mulheres negras o impacto de tornar-se senhora de si e de seu negócio é altamente significativo.

Diferente da mulher branca que se mobiliza, através do movimento feminista, para ter a oportunidade de sair de casa e trabalhar, a mulher negra já trabalhava. A mulher negra chega ao continente para o trabalho, como coisa que faz e produz (produz cana, produz prazer, produz comida, produz filhos, etc.). É a mulher negra que cozinhava e cuidada da casa e dos filhos das mulheres brancas, enquanto estas descansavam, liam seus romances, cuidavam de trivialidades e davam ordens.

Por muitas gerações de mulheres negras, o trabalho como empregada doméstica (versão moderna da escravizada da casa-grande) foi o único possível, um destino certo. Quando esta mulher rompe o círculo vicioso e busca um outro caminho, através do empreendedorismo, o que se percebe é o surgimento de uma nova dinâmica que determina uma mudança de direção da história de gerações de mulheres negras que crescerão sob um modelo emancipatório. Há o surgimento de novas narrativas e a possibilidade de que, enfim, nasçam outras histórias, com protagonistas negros/as que, mais do que ocuparem papéis principais, estes papéis são de sujeitos não oprimidos.

No que tange à ideia de oprimidos[41] e opressores, abordada sempre sob uma perspectiva polarizada e bidimensional, entendo já ser possível que se visualize uma terceira dimensão, um terceiro caminho, um que não venha marcado pela oposição entre bem e mal. A temática é mais que bidimensional, é multidimensional e neste sentido, há que cogitar a possibilidade de que haja um outro lugar, sem que o oprimido, para se deslocar, seja obrigado a se posicionar como opressor e nem vice-versa. No processo de cura, não necessariamente o oprimido desejará ocupar o lugar de opressor. Talvez ele possa desejar um deslocamento que o permita não ocupar a posição daquele que o sodomizou por considerá-la esvaziada de sentido e poder, mas sim estar em um lugar novo e inexplorado, exercendo poder sobre si mesmo e não sobre os outros. Este processo pode ser curativo. O empreendedorismo pode permitir este reposicionamento curativo.

O afroempreendedorismo, como se pode ver, é transformador, subversivo e emancipatório, podendo ser considerado como um fenômeno disruptivo e futurista, que instala novo paradigma a pautar a história do negro e sua relação com o trabalho e o negócio. É também neste viés que tal fenômeno se aproxima muito da ideia de empreendedorismo curativo, tratando e cicatrizando feridas históricas, selvagens e dilacerantes, bem como permitindo aos negros e negras serem mais, muito mais.

A ideia de **autocuidado** vem fortemente atrelada ao movimento feminista negro. Ao se buscar empreender, a mulher negra promove valorização de autoestima, independência econômica e emancipação. Este processo pode ser considerado altamente curativo e transcendental. Este movimento

---

41 Paulo Freire menciona o "homem novo" como sendo aquele oprimido que se torna opressor de outros. FREIRE, Paulo. *Pedagogia do Oprimido*. Rio de Janeiro: Paz e Terra, 2017. p 44.

de emancipação impacta, inclusive, na percepção do **lugar de fala**[42] da mulher negra no contexto socioeconômico e político.

Através do afroempreendedorismo, outros caminhos, além das práticas de extermínio ou encarceramento em massa podem ser encontrados como alternativa curativa dessa chaga social, que "resolve" dilemas históricos através de mais e mais violações de direitos. Só de projetar a possibilidade de que haja um novo modo de conduzir as relações travadas entre negros e brancos no Brasil, o afroempreendedorismo já traz um potencial curativo e redentor.

42 Linda Alcoff explica, em seu texto sobre lugar de fala, um dos primeiros a debater cientificamente o tema, que "O problema de falar pelos outros é social, as opções disponíveis para nós são socialmente construídas e as práticas em que nos engajamos não podem ser entendidas simplesmente como resultados de escolhas individuais autônomas". Sendo assim, é possível pensar que o processo de retomada do lugar de fala, ou seja, a devolução do direito de que cada um 'fale' por si socialmente, implica social, econômica e politicamente, além de também impactar no processo de cura do ser silenciado e que retoma, então, o direito à "fala". Vide: Linda Martín Alcoff, The problem of speaking for other. Disponível em:< www.alcoff.com>.

DESTAQUES DO CAPÍTULO

O que é o Feminismo da Diferença e como se relaciona com o fenômeno do Afroempreendedorismo?

O poder curativo do Afroempreendedorismo
꓿ Contribuição para o soerguimento do negro

Afroempreendedorismo visto como um empreendedorismo curativo, integrador social e promotor de autovalorização étnica

Aspecto transformador, subversivo e emancipatório do Afroempreendedorismo

SEGUNDA PARTE

TODO MENINO NEGRO PODE VOAR

DESENHADO COM TÉCNICA NANQUIM PELO ARTISTA PLÁSTICO MINEIRO **ALEXANDRE RATO**

Já sabemos de todo o peso de nossa cruz
Se você não o conhece, pergunte a Carolina de Jesus.
Desde o princípio fomos perseguidos com muito esmero
Não se importavam com nossa fraqueza e, por sorte,
Não éramos fracos, éramos grandes como Grande Otelo.
Não temíamos mais o corte que o chicote
O açoite que enfrentávamos todo dia e noite.
E assim como dizem os cientistas, o ser humano evoluiu,
O que era chamado de preto ruiu.
Surgiu o movimento, tão grande e gracioso
Como cada movimento de uma capoeira.
E a cada momento da luta derradeira
Começava a mostrar um novo fim.
E, enfim,
Começamos a tomar o que era nosso,
O espaço, as ruas, as faculdades, sem nenhum remorso.
Tudo ainda é dívida, e o tudo ainda é nada
quando se trata dessa jornada,
Dessa longa caminhada com a alma dilacerada.
Faixas e remédios não curam
E ainda há aqueles que não se curvam
Ao dizer os nomes dos nossos antepassados.
Aloprados e alienados.
Coitados!
O que Zumbi queria se tornou real
E hoje ele sorri de forma teatral
Lá de cima, pensando em qual será o caminho
Que a nossa nação irá seguir rumo a seu destino.

RAFAEL MINGONI[43]

---

43 Aluno da graduação em Direito na UNIVERSO (Universidade Salgado de Oliveira), unidade Belo Horizonte, meu amigo e filho da Rose, mulher negra e guerreira cuja história reflete cura e superação, como a de toda mulher negra brasileira. Rose: seu filho inteligente, honesto e bom é um troféu que você pode exibir com orgulho!

5
O QUE É BLACK MONEY?

A expressão deriva de outra: *Black Market,* que se liga, etimologicamente, à Inglaterra, mas que foi utilizada em momentos históricos distintos e sempre para identificar práticas marginais ou ilegais. Neste cenário, o "mercado negro" albergaria aquele espaço em que as relações mercantis se davam na clandestinidade. Entendia-se, então, que o dinheiro proveniente desta prática escusa também seria marcado pela marginalidade, virando assim *Black Money.*

O movimento negro americano, no entanto, ressignificou o conceito, até então pejorativo, envolvendo-o na onda de valorização da raça e resgate de autoestima, marcado pelo lema *"black is beautiful",* que por sua vez atrela-se a toda uma ideologia afirmativa do *Black Power.*

Neste novo contexto, *Black Money* diz respeito ao **potencial consumerista do capital negro, do alto e real valor que o dinheiro do negro possui na economia.** Todo o movimento negro estruturado nestas últimas décadas tem se pautado pela valorização do sujeito negro e da demonstração de sua relevância socioeconômica e cultural.

Uma geração de artistas, empresários, políticos e influenciadores negros têm se movimentado no intuito de promover uma remodelagem na trama socioeconômica de diversos países, incluindo o Brasil.

Todo o processo de ressignificação da negritude e de retomada de autoestima e reposicionamento do negro na sociedade, a fim de retirá-lo da subalternidade, da condição de oprimido, e alçá-lo a novos parâmetros de igualdade, acaba por repercutir na esfera econômica, trazendo novas tonalidades para relações de mercado e negócios, bem como introduzindo uma nova dinâmica para a economia, que passa a ter um viés étnico.

Pelo movimento *Black Money*, **que defende, por uma de suas vertentes ou dimensões, uma valorização e respeito do consumidor negro, mostrou-se imprescindível uma reformulação das dinâmicas empresariais, consumeristas e negociais.** O negro consome, sempre consumiu. O grande giro se dá a partir do momento em que se percebe que ele poderia consumir mais se houvesse maior identificação com o produto e que seria possível se construir uma estrutura que agregue esta riqueza com a finalidade de promover uma emancipação da população negra.

Ao se ver inserido nos planos empresariais, ao se sentir representado no âmbito dos negócios, acessando produtos criados especialmente para seu tom de pele, a textura de seu cabelo, com roupas que reflitam sua cultura, por exemplo, o negro, agora visibilizado, simplesmente compra, injeta seu dinheiro no mercado e contribui para a movimentação da máquina financeira global.

Este é o poder e o impacto do movimento (ideológico e pragmático) *Black Money*. O "dinheiro negro", traduzindo a expressão, refere-se ao poder aquisitivo derivado de grupos subalternizados, oprimidos, mas, ainda assim, consumidores. **O poder do capital negro vai paulatinamente se impondo sobre a seara econômica de modo a exigir novas estratégias de mercado.**

"Se não me vejo, não compro". Esta frase, marca da mentalidade operante em uma das vertentes do movimento *Black Money*, não representa só um novo paradigma para as relações de mercado, significa também a culminância de um longo processo, ainda inacabado, de resgate do negro-coisificado, vendido e tratado como mercadoria, *res,* em direção ao negro-sujeito, aquele que não se submete mais.

Converge com este movimento, o afã empreendedor que impulsiona o negro para ousar, criar e se permitir atuar no campo dos negócios. O afroempreendedorismo.

Entretanto, o movimento *Black Money* não deve ser reduzido a uma frase. Mais do que o slogan "se não me vejo, não compro", o *Black Money* conforma uma ideologia de resistência, que empreende práticas associativistas entre negros para que, juntos, possam formar um corpo estratégico de luta contra o preconceito racial, práticas discriminatórias e problemas sociais.

Nesta intenção, promovem-se ações que visam, de certo modo, um pan-africanismo[44] econômico/monetário. O pan-africanismo consiste em "um tipo de percepção intelectual e política que fundamentava uma visão unitária da África e da população negra (africana ou afrodescendente) que defende que a união dos povos negros, formando um único Estado, seria a melhor alternativa para acabar com constantes problemas raciais".[45]

Guardadas as devidas ressalvas, haja vista se tratarem de movimentos distintos (de um lado, o movimento *Black Money* e de outro, o Pan-africanismo) e que este último passou por diversos momentos em sua construção, tornando-o altamente complexo, não se pode ignorar este ponto de convergência entre eles, no que tange à construção de um aporte econômico/

---

44 Muryatan Santana Barbosa explica que "o Pan-africanismo nasceu da luta de ativistas negros em prol da valorização de sua coletividade étnico-racial. Sua marca original é a construção de visões positivas e internacionalistas acerca desta identidade, entendida como comunidade negra: africana e afrodescendente". BARBOSA, Muryatan Santana. *Pan-africanismo e teoria social*: uma herança crítica. África, São Paulo. Vol 31-32, p. 135-155, 2011/2012.

45 BARBOSA, Muryatan Santana. *Pan-africanismo e teoria social*: uma herança crítica. África, São Paulo. Vol 31-32, p. 135-155, 2011/2012.

monetário formado só por dinheiro de negros,[46] com o intuito de patrocinar negros e impulsionar o processo de emancipação dos mesmos; tudo isso através da integração de um grupo étnico diaspórico, composto por africanos e afrodescendentes.

Nos EUA são frequentes bancos comunitários[47] que se estruturam com o intuito de financiar grupos subalternizados e permitir geração de empregos e circulação de riquezas. Alguns deles são compostos por empresários negros gerindo e investindo. Esta prática permite que negros possam empreender mais e melhor, promovendo melhores condições de vida. Há dezenas de Bancos Negros[48], criados e gerenciados por negros com o intuito de agregar pessoas e promover interação e circulação de riquezas entre mãos negras.

---

46 Outro ponto interessante desta discussão é o mito do capitalismo preto, ou capitalismo negro. Landon Willians aborda o tema em um texto presente no manifesto de 1969 dos Panteras Negras. Esta concepção também está atrelada ao desejo de constituir uma comunidade apartada da dominação branca e em que não existisse racismo, já que não haveria este marcador racial. Na perspectiva do capitalismo negro, seria fundamental que houvesse o desenvolvimento de um empreendedorismo negro que só focasse na venda e no consumo somente de produtos produzidos por negros ou destinados e consumidos por negros. Uma estrutura utópica, mas que pode, de alguma forma, ter inspirado a dinâmica do atual movimento Black Money. Disponível em: <https://esquerdaonline.com.br/2016/12/19/o-mito-do-capitalismo-negro/> e o texto Por uma revolução antirracista: uma antologia de textos dos Panteras Negras (1968-1971), p. 242 a 267.

47 Recomendo aqui a leitura do livro do economista Muhammad Yunus, *O Banqueiro dos Pobres*, que conta a história da formação dos bancos comunitários nos moldes como são vistos hoje.

48 OneUnited Bank in Boston, Seaway Bank &Trust in Chicago, Commonwealth National Bank in Mobile, Ala., City National Bank in Newark, N.J., são bons exemplos de bancos que aderiram ao movimento Black Money e se vinculam a hashtags como #BankBlack e #MoveYourMoney

No Brasil, ainda é tímida a utilização dessa estratégia de agregação monetária de negros.[49] Entretanto, pode-se, através desta sistemática, minimizar práticas hoje muito comuns de negativa de créditos para empreendedores negros, o que inviabiliza que muitos tenham a oportunidade de iniciar seu próprio negócio e transcender.

Negros, no Brasil, possuem grande dificuldade de receber empréstimos e poderem ter seus negócios financiados por instituições financeiras. Os bancos negam com frequência créditos para negros, considerando a baixa credibilidade dos mesmos (ranços de uma construção cultural racista, colonial e persistente). Mas já há fundações criadas por negros com intuito de auxiliar outros negros a empreender. Como a maioria dos negros do país, por questões históricas e estruturais (como já analisado neste livro), são de classe baixa, há muita dificuldade para que consigam empréstimos bancários ou quaisquer outros facilitadores de crédito. Muitos sequer possuem conta bancária.[50]

Uma outra vertente do movimento *Black Money* também aparece na intensificação do consumo de produtos comercializados por negros. O incentivo para que se leia autores

---

49 Mas já há Bancos Negros no Brasil, estruturados numa dinâmica relativamente parecida com a norte-americana. Um exemplo é o D'Black Bank, que sustenta o slogan de ser o melhor banco de Negro para Negro. Além disso, o referido projeto vai além e se constitui em uma Fintech (que é uma startup que fornece serviços com foco em finanças), permitindo conexões entre consumidores e empreendedores negros, além de promover incentivos sociais e projetos educacionais. Texto inspirado no próprio site do banco www.dblackbank.com.br , visitado em 17/03/2019.

50 Eugene Cornelius Junior, chefe do escritório de comércio internacional da Small Business Administration, conta que, no Brasil, empresários negros têm o seu pedido de crédito negado três vezes mais do que os brancos. Evento Black Codes: "Desvendando os códigos do Afro-Empreendedorismo" ocorrido em 18 de mais de 2017.

e autoras negras,[51] para que se ouça músicos negros, embora estejam imbuídos de outras intenções, como a disseminação da cultura e valores por afrodescendentes, também acabam contribuindo para uma maior circulação de riquezas por mãos negras e para um fortalecimento de laços ancestrais.

O movimento *Black Money* também se manifesta através da recente estratégia do mercado apresentando produtos voltados e produzidos para o público negro. Assim, passamos a contar com produtos de beleza produzidos para peles negras, de tons diversos; bem como outros vários produtos como bonecas negras, propagandas com famílias negras representadas em sua normalidade (sem estereótipos carregados de preconceito).

Intensificou-se também a produção cinematográfica abordando vivências de personagens negros, tirados da vida real ou até de quadrinhos. Bons exemplos são os filmes "Pantera Negra"[52], "Moonlight"[53], "Homem-aranha no aranhaverso"[54],

---

51 Destaco aqui a leitura fundamental de Clenora Hudson, afrodescendente e criadora do termo "Mulherismo Africana" (assim mesmo no feminino, que na verdade significa o plural em latim). Ao pensar em Mulherismo Africana, a autora ressalta a potencialidade feminina afrodescendente e a necessidade de uma agregação racial para que sejam estruturadas medidas e políticas que supram a necessidade deste grupo étnico, partindo de seu eixo central que são as mulheres. Tal ideologia se conforma sobre três pilares: afrocentricidade, pan-africanismo e matriarcado. O filme "Pantera Negra" retrata de modo bastante enfático vários aspectos desta teoria. RIBEIRO, Katiuscia. Mulher Preta: Mulherismo Africana e outras perspectivas de diálogo. Disponível em: <www.almapreta.com >, visitado em 23/03/2019.

52 Pantera Negra. Direção de Ryan Coogler. Marvel Studios: Estados Unidos, 2018.

53 Moonlight: Sob a Luz do Luar. Direção de Barry Jenkins. Plan B Entertainment. Estados Unidos, 2016.

54 Homem-aranha no aranhaverso. Direção de Bob Persichetti, Peter Ramsey e Rodney Rothman. Sony Pictures Animation e Marvel Entertainment. Estados Unidos, 2018.

"Infiltrado na Klan"[55], "Green Book"[56] e "Corra!"[57], que, dentre outros, abordam temas como negritude e racismo. Todos grandes sucessos de bilheteria e crítica, aclamados vencedores de diversos e importantes prêmios no meio. Percebe-se um movimento de valorização de produtores e atores negros, até então invisibilizados pelo setor.

Inseriram-se no mercado obras de autores negros e negras de várias partes do mundo e dos gêneros literários mais diversos. Todos estes movimentos corroboram a circulação de riquezas entre mãos negras e, por outro lado, mas não menos importante, promovem um processo saudável de autovalorização do negro, de reintegração socioafetiva, que impulsiona o ser para além.

Estes movimentos convergem para que haja o empoderamento negro, pois instrumentaliza sujeitos a fim de que possam se superar e emancipar-se, haja vista que o ato de empoderar-se constitui-se complexo e centrífugo, partindo de dentro para fora.[58] Vê-se que há uma intercessão, portanto, entre o movi-

---

55 Blackkklansman: O Infiltrado. Infiltrado na Klan. Direção de Spike Lee. Blumhouse Productions. Estados Unidos, 2018.

56 Green Book – Um Guia Para a Vida. Direção de Peter Farrelly. DreamWorks SKG. Estados Unidos, 2018.

57 Get Out. Corra! Direção de Jordan Peele. Universal Pictures. Estados Unidos, 2017.

58 Joice Berth, ao abordar a Teoria do Empoderamento, associa seu surgimento como inspirado pela Teoria da Conscientização de Paulo Freire, e assim ela esclarece: "O educador é da tradição de pensadores e pensadoras que refletem a partir da realidade concreta, concebendo assim a Teoria da Conscientização como prática para a libertação e de estratégias de atuação de grupos oprimidos. Ao contrário de Julian Rappaport, Freire não acredita que é necessário dar ferramentas para que grupos oprimidos se empoderem, em vez disso, acreditava que os próprios grupos que foram subalternizados deveriam empoderar a si próprios, processo esse que se inicia com a consciência crítica da realidade aliada a uma prática transformadora." BERTH, Joice. *O que é empoderamento?* Belo Horizonte: Letramento, 2018. p. 26/27

mento *Black Money* e o fenômeno do *empowerment* que, por vezes, sofre distorções interpretativas, devendo-se ter cautela no uso indiscriminado da terminologia.

"Do not buy where you will no be hired" (Não compre onde não te contratariam). Esta também é uma vertente da ideologia *Black Money*. Em uma sociedade altamente capitalista, como é a brasileira, a aplicação desta máxima é muito impactante, haja vista que o ato de consumo possui um caráter que transcende o aspecto econômico. Ao se usar esta estratégia, de se observar se a presença do negro em determinados ambientes é mesmo bem-vinda, analisando se negros são contratados para ocupar cargos diversos em uma determinada loja ou restaurante, se está buscando uma implicação política para o ato de consumo. E isso é muito importante.

A incrível escritora Chimamanda Ngozi Adichie, quando visitou o Brasil, declarou ter considerado o Brasil um país tão racista que nem mesmo os garçons do restaurante em que a levaram eram negros. Este posicionamento reflete muito do que o país é realmente. Quando pensamos em negros trabalhando em restaurantes ou lojas, visualizamos garçons, faxineiros/as ou qualquer outra posição servil e que preserva, de certa forma, relações construídas no período colonial. Mas é necessário mais do que isso. Quando negros procuram outros negros em estabelecimentos privados, o que os seduz e incita ao consumo é perceber que há negros ocupando outras posições e cargos para além destes tradicionais.

Portanto, o movimento *Black Money* também prepara o consumidor negro para que este se atente para o mercado e para a presença de negros em lugares diversos e marcantes. A ausência de negros é um sinal importante, mas a presença de negros somente em posições tradicionais e carregadas de um ranço preconceituoso também depõe muito contra a atividade empresária e pode ser determinante para que negros deixem de frequentar aquele lugar e impeçam que sua riqueza perpasse por aquele ambiente. Afinal, "Black Money Matters" (Dinheiro Negro Importa)!!!

O *Black Money* envolve uma ação associativa entre negros, voltada para a produção de riquezas por negros de modo a impactar a sociedade e transformá-la, diminuindo desigualdades. É, de certa forma, um ato de protesto e resistência.

O Black Money é também um catalisador do afroempreendedorismo,[59] pois confere maior robustez financeira para que o negro empreenda e, em outra via, suscita a formação de um nicho de consumidores preocupados e atentos à representatividade e autoidentificação com produtos e serviços prestados.

Diante de todo o exposto, é importante esclarecer, porém, que a prática associativa no Brasil, com o intuito de criar um espaço de integração e fortalecimento do povo negro, não é algo novo no país. Há relatos de que, ainda no período colonial, já eram estruturadas dinâmicas corporativas voltadas para o soerguimento de negros.[60]

---

59 Como se pode perceber em toda a estrutura deste livro, *Black Money* e Afroempreendedorismo são conceitos distintos, embora possam ser inter-relacionais e complementares. Embora cada um destes movimentos possa se estruturar por si, é possível perceber que a ideologia *Black Money* pode contribuir fortemente para o desenvolvimento do Afroempreendedorismo, acelerando o soerguimento socioeconômico do grupo étnico em destaque.

60 Petrônio Domingues, conta que "Os negros desenvolvem, desde o período colonial, uma intensa vida associativa. Mesmo quando escravizados, encontraram diversas maneiras de se reunir com seus pares. Algumas formas organizacionais – como as maltas de capoeira e os terreiros de candomblé – foram perseguidas; outras, como as irmandades religiosas sob a égide da Igreja Católica e as agremiações de ajuda mútua, eram toleradas pela sociedade em geral. Todas tinham como objetivo satisfazer necessidades sociais, econômicas, culturais, religiosas e humanas de um segmento populacional que vivia em condições adversas." DOMINGUES, Petrônio. Associativismo Negro in SCHWARCZ, Lilia Moritz; GOMES, Flávio dos Santos (Orgs.). *Dicionário de Escravidão e Liberdade*: 50 textos críticos. 1ª ed. – São Paulo: Companhia das Letras, 2018. p.113.

5.1. O BLACK MONEY NOS EUA E O BLACK MONEY NO BRASIL

No dia 16 de setembro de 2016, numa estrada em Oklahoma, a policial branca Betty Shelby atirou e matou Terence Crutcher, 40 anos. Segundo Shelby, sua reação se deveu ao fato de se sentir ameaçada pelo homem negro, mesmo estando ele comprovadamente desarmado.[61]

Na mesma época, em Charlotte, milhares de manifestantes ganhavam as ruas de Charlotte para se manifestarem contra a morte de um outro negro desarmado. Desta vez, a polícia matou a tiros Keith Lamonth Scott, de 43 anos.[62]

Estas mortes se somam a inúmeras outras mortes de negros efetuadas por policiais nos EUA. Este fenômeno genocida fez com que a Bancada Negra do Congresso dos Estados Unidos (CBC) marchasse do Capitólio até a sede do Departamento de Justiça para protestar contra as diversas mortes de afro-americanos pelas mãos da polícia.[63]

No dia 26 de setembro de 2016, durante a terceira rodada da pré-temporada da Liga norte-americana de futebol americano (NFL), o *quarterback* Colin Kaepernick[64] se recusou a ficar de pé durante a execução do hino americano, sempre executado em inícios de eventos esportivos. O *quarterback*, principal posição neste esporte, justificou-se posteriormente alegando que não aceitaria mais se levantar para cantar o hino de um

---

61 Para saber mais, ver em www.nydailynew.com , visitado em 18/03/2019.

62 Para saber mais, ver em www.nytimes.com/2016/09/23, visitado em 18/03/2019.

63 Disponível em:<https://www.esquerdadiario.com.br/Manifestac oes-em-Charlotte-para-exigir-justica-desafiam-o-toque-de-recolher >. Acesso em: 18/03/2019.

64 Disponível em:< https://esquerdaonline.com.br/2016/08/31/jogador-boicota-hino-norte-americano-em-ato-de-rebeldia-contra-o-racismo-nos-eua/ >. Acesso em: 18/03/2019.

país em que policiais brancos matam, de forma recorrente, a população negra. Colin Kaepernick é negro, como muitos dos grandes astros esportivos americanos.

Esta postura do jogador vai na direção do movimento *Black Lives Matter* (Vidas Negras Importam)[65], que vem ganhando cada vez maior projeção internacional.[66]

Em outros pontos dos EUA, diversos movimentos contra o racismo ganhavam força. Atletas negros da NBA, liga de basquete americano, usaram camisas com a frase "I can´t breath" (Eu não consigo respirar). Esta frase foi dita por Eric Garner, 43 anos, negro desarmado, no momento e que foi estrangulado por policiais de Nova Iorque, em 17 de julho de 2014.[67]

Estes astros negros do esporte protestam ao lado da população contra recorrentes assassinatos da população negra por policiais e pelas reiteradas decisões dos tribunais que os inocentam mesmo diante de comprovado abuso de autoridade e clara violação de direitos fundamentais.

Junto deles, outros astros e estrelas se mobilizam e dão corpo ao processo de ruptura com as velhas práticas racistas. De alguma forma, parece estar sendo retomada a força das mobilizações ocorridas nas décadas de 1960 e 1970, que lutavam por direitos civis para a população negra. Este ativismo social parece reacender o movimento e revitalizar o núcleo

---

65 Trata-se de um movimento de valorização de vidas negras e de conscientização acerca do genocídio negro que tem ocorrido nos EUA e também em outras partes do mundo, inclusive no Brasil. Ver www.blacklivesmatter.com visitado em 18/03/2019 e ler a obra *O Genocídio do negro brasileiro*: processo de um racismo mascarado. Abdias Nascimento. Editora Perspectiva S/A.

66 O álbum "To Pimp a Buttlefly", do Rapper Kendrick Lamar, lançado em 2015, tornou-se um marco musical para movimento, tornando-se aclamado por público e crítica, considerado o melhor álbum do ano nos EUA E vencedor da 58ª edição do Grammy Awards.

67 Disponível em:<www.nypost.com >. Acesso em: 18/03/2019.

da comunidade negra norte-americana. Parece tratar-se da formação de uma identidade de resistência.[68]

Neste contexto, o rapper Killer Mike conclama a todos a aderirem ao chamado Movimento "Bank Black",[69] que consiste em uma espécie de empoderamento financeiro dos negros, de modo a causar fissuras na estrutura vigente até o momento. A cantora Solange Knowles[70] representa bem este movimento quando desloca seus investimentos para um banco negro norte-americano. Ela diz: " Time to literally put my Money where my mouth is" (Tempo para literalmente colocar meu dinheiro onde minha boca está). [71]

Esta conformação do **movimento Bank Black** acaba fazendo mais uma das vertentes do **movimento *Black Money***, nos moldes em que este vem sendo introduzido no Brasil. Entretanto, lá nos EUA, o que se intenta é a criação de uma ação que dure mais que o tempo de uma manifestação de rua, tão frequentes e ainda pouco eficientes. Por isso, pode-se ver na estratégia do movimento "Bank Black" a intenção de que seja formada uma onda em que ativos ingressem nos bancos, permitindo-lhes emprestar para pequenas empresas; estas, por sua vez, reinjetam o dinheiro na comunidade. Pretende-se, aqui, impedir que somente brancos permaneçam lucrando com a gestão de dinheiro negro, das riquezas provenientes da comunidade negra.

---

68 Manuel Castells, explica que identidade de resistência "é aquela criada por atores que se encontram em posições/condições desvalorizadas e/ou estigmatizadas pela lógica da dominação". CASTELLS, Manuel (1999b), O poder da Identidade. Tradução de Klauss Brandini Gerhardt. São Paulo: Paz e Terra. p. 24.

69 Disponível em:<www.oneunitedbank.com > Acesso em 18/03/2019.

70 Disponível em:<www.essence.com >. Acesso em 18/03/2019.

71 Esta frase reforça o deslocamento da posição do negro e da negra na sociedade americana, buscando frisar a importância do lugar de fala e de como é problemático 'ceder a voz' para que outros falem por nós.

Embora a abordagem desta temática, como pudemos perceber anteriormente, envolva uma dinâmica multidimensional, já que o **movimento *Black Money*** é complexo e não é tão novo quanto aparenta, tanto a mídia quanto as redes sociais têm cada vez mais voltado seus olhares para o assunto. Mas é preciso ter cuidado ao se trabalhar com uma ideologia criada em um país diferente, cujos povos possuem vivências e histórias muito distintas das nacionais.

A oposição entre brancos e negros americanos é muito bem delineada e provocativa, conduzindo a população negra a buscar estratégias de união para se defenderem, para se fortalecerem e para conseguirem construir uma condição social mais equilibrada. As lutas pelos direitos civis nas décadas de 60 e 70 são grandes exemplos deste cenário segregado e hostil que é vivenciado nos EUA há séculos.[72]

Em um cenário em que as questões raciais e discriminatórias são tão expostas e utilizadas para formar dois polos diametralmente opostos, as estratégias apresentadas pela **ideologia do *Black Money***, como a união cada vez maior de riquezas negras, agregação de recursos para fortalecer a comunidade negra, emancipação do poder negro através da economia, sobretudo incentivando negros a deslocar suas riquezas para instituições financeiras controladas por negros ou de predominância de capital negro, a fim de que, assim, haja uma maior circulação de riquezas por mãos negras. Faz todo sentido que se viabilizem e implementem práticas que materializem esta ideologia, inclusive com um fundo pan-africanista e uma nova roupagem para a estruturação de um chamado capitalismo negro.

Mas, e quanto ao Brasil, como se dá a introdução desta ideologia? Vê-se que no Brasil o processo de discriminação se conformou de um modo distinto dos EUA. Aqui é comum o

---

72 A obra, *The New Jim Crow*, traduzida como *A nova segregação – racismo e encarceramento em massa* (Boitempo Editorial, 2018), de Michelle Alexander, retrata de forma bastante aprofundada este cenário norte-americano.

posicionamento de que não há racismo, não há discriminação e de que todos são considerados iguais.[73] E então, nesse sentido, há toda uma dinâmica social que invisibiliza o negro para que este não "incomode" a virtuosa família de classe média branca do país, que se esforça para manter cada um em seu devido lugar (seja físico ou simbólico).[74]

A maior parte dos negros vive em condições altamente precárias de subsistência, com baixa escolaridade e predestinados a ocuparem empregos servis e que perpetuem as antigas relações escravagistas. A maioria dos negros no Brasil não possui conta bancária, não possui emprego formal e trabalham para suprir necessidades básicas e primárias, como alimentação e vestuário. Não sobram recursos para serem investidos em outros âmbitos de uma vivência humana digna. As contas bancárias cujos titulares são negros, são, em sua maioria, contas-salário, para o recebimento de um salário mínimo ou pouco acima deste.

Por óbvio, há negros que não se enquadram neste perfil. Há negros que estão fora desta curva, entretanto, estes não compõem nem mesmo 2/3 da população negra do país que,[75] respeitando as tradições coloniais, manteve a maior parte dos

---

73 Hashatg "eu não me importo com a cor, todos são seres humanos e é só o que me interessa" (seguida de coraçõezinhos feitos com as mãos).

74 À frente tratarei da Teoria dos Dois Circuitos, desenvolvida por Milton Santos, e que pode ser linkada com esta abordagem aqui apresentada.

75 Em pesquisa apresentada pelo IBGE, em 2016, negros conformavam 17% dos mais ricos e três quartos da população mais pobre do país. Em outra pesquisa, realizada pela ONG ActionAid, com base em informações da PNAD Contínua e do IBGE, constatou-se que em 2012, 2% da população de pretos e pardos estavam na extrema pobreza e 3% na pobreza, somando 5% no total. No ano de 2017, 5% dos negros estavam na extrema pobreza e 5% na pobreza, com total de 10%. Já com relação aos brancos, em 2012 havia 1% na pobreza e 1% na miséria. Permanecendo os mesmos índices em 2017. Disponível em:< www.agenciadenoticias.ibge.gov.br >. Acesso em 18/03/2019.

negros e seus descendentes muito próximos da extrema pobreza e miserabilidade, pouco ou nada modificando a estrutura escravagista há séculos implementada.

Sendo assim, a aplicação de uma ideologia estrangeira em território nacional exigirá uma série de adaptações. Não há como se desejar um acoplamento perfeito e nem mesmo um resultado similar ao alcançado ou almejado nos EUA, para experiências realizadas em contextos tão distintos. Não é possível, aqui, se replicar um modelo alienígena sem fazer as devidas transposições sociais. Isso acarretaria um desvirtuamento da ideologia e aumentaria em muito as chances de que algo não saia como o esperado.

O que conta muito a favor da introdução da **ideologia do Black Money** no Brasil é exatamente seu caráter multifacetado, com diversas vertentes que se mantêm independentes entre si. Não há só uma perspectiva para se trabalhar com os referenciais deste movimento. Podem-se implementar estratégias que se harmonizem com a dinâmica socioeconômica e cultural do país, mesmo não sendo estas as mesmas que deram certo em outros contextos. Por exemplo, a intenção de se criar um movimento de agregação de riquezas em mãos pretas é interessante, mas talvez o melhor caminho para tal no Brasil seja através da alavancagem de bancos negros. Talvez as fundações de suporte e formação de afroempreendedores, bem como o direcionamento de recurso para o afroempreendedorismo sejam estratégias eficazes para o cenário nacional, embora isso só possa ser percebido com o passar do tempo e com o efetivo teste de todas as possíveis estratégias de emancipação racial.

Por outra via, a estratégia de direcionamento do consumidor negro para injetar seus recursos em projetos que beneficiem afroempreendedores, ou que ressaltem os valores da negritude, tende a conseguir ser bastante eficaz, haja vista os reflexos que são observados nas redes sociais e mídias diversas, promovendo cada vez a valorização do negro e ocupação por este de lugares até então ocupados, em sua maioria, por brancos.

A criação dos chamados **Quilombos Digitais**,[76] que são espaços virtuais para se tentar burlar mecanismos racistas e que impendem o pleno desenvolvimento das potencialidades da população negra, é uma estratégia interessante e que pode ser acoplada como uma das dimensões de conformação da **ideologia do** *Black Money* aplicada ao Brasil.

A **ideologia do** *Black Money*, por sua vez, é preciso reforçar, instrumentaliza negros e negras para que possam se empoderar, ou seja, para que possam alterar as estruturas em que estão imersos. Neste sentido, importante mencionar que um dos princípios que embasam o empoderamento é a construção da coesão de grupo. Sendo assim, percebe-se uma intercessão de diretrizes, pois através da implementação do *Black Money*, ainda que em moldes distintos do modelo norte-americano, alcança-se uma dimensão do empoderamento muito importante para reexistência e fortalecimento de negros e negras em solo brasileiro e para além.

---

76 Também chamados de CyberQuilombos e que têm o propósito de auxiliar na formação intelectual e no desenvolvimento de habilidades por negros que os permitam difundir ideias e conteúdos bem fundamentados sobre negritude e conteúdos diversos que interessem a negras e negros. Sugiro a visita ao site www.labexperimental.org .

DESTAQUES DO CAPÍTULO

Black Money
- Origem do termo
- Conceito
- Vertentes
  Primeira Vertente
  identificada: Valorização do
  consumidor negro (Se não
  me vejo, não compro)
  Segunda Vertente identificada:
  Formação de Bancos Negros
  Terceira Vertente identificada:
  Mercado com produtos
  voltados para negros
  Quarta Vertente identificada:
  Boicote a atividades
  empresariais que não valorizam
  o negro (Não compre de
  onde não te contratariam)

O **Black Money** visto como um
Pan-Africanismo Monetário

**Importância do Movimento
Black Money na promoção
do associativismo negro**
**Black Money como catalisador
do Afroempreendedorismo**
**Quais as diferenças do Black
Money nos EUA e no Brasil?**
- Relação do Movimento *Black
  Money* com o movimento
  Black Lives Matter
- Relação do *Black Money* com
  o movimento Bank Black
- Transposição da ideologia
  americana para o Brasil:
  aspectos críticos relevantes
- Formação dos Quilombos
  Digitais como elemento
  importante na transposição
  da ideologia *Black
  Money* para o Brasil

6
ECONOMIA ÉTNICA E O ENEGRECIMENTO DO MERCADO

As estratégias apresentadas neste livro, envolvendo afroempreendedorismo e *Black Money*, buscam promover um enegrecimento do mercado e demarcar espaços ocupados pela população negra, para além daqueles em que deveria ficar confinada (conforme os padrões brancos e coloniais).

Há que se destacar, assim, que toda a dinâmica estruturada de forma identitária e voltada para a afirmação de um grupo étnico específico e que passou por processo migratório forçado (a chamada Diáspora Africana ou Diáspora Negra) impacta as relações socioeconômicas e culturais de um país. O processo de enegrecimento do mercado faz isso. Neste sentido, então, esse processo de enegrecimento pode ser compreendido dentro da ideia de Economia Étnica[77] e todas as implicações que esta acarreta.

Por Economia Étnica se entende o conjunto de movimentações econômicas de imigrantes e minorias étnicas instaladas (alocadas) em comunidades em país que não é o seu de origem.[78] Para se considerar a existência de uma Economia

---

77 OLIVEIRA, Taís. Black Money, Afroempreendedorismo e Economia Étnica in https://taisoliveira.me/black-money-afroempreendedorismo-e-economia-etnica/ visitado em 18/03/2019.

78 LIGHT, Ivan. *The EthnicEconomy*. in N. Smelser e R. Swedberg (org.): The Hand book of Economic Sociology. Princeton EP & Russel Sage, 2005.

Étnica em um determinado contexto, faz-se necessário que se identifique um grupo de imigrantes ou de minorias étnicas. No caso da população negra do Brasil, o que encontramos são descendentes de um movimento diaspórico, que fez com que houvesse uma ocupação de um espaço estrangeiro, diferente do país de origem.

Além disso, é necessário se verificar a construção de uma dinâmica integrativa e solidária entre os membros deste grupo. Neste sentido, tanto as práticas que visam difundir e fortalecer o afroempreendedorismo quanto aquelas atreladas ao movimento ideológico e pragmático do *Black Money* podem ser enquadradas como estratégias de consolidação no Brasil de uma economia étnica, que pretende se fazer robusta e consistente.

Pode se falar aqui em uma economia étnica porque se tem estratégias voltadas especificamente para grupos negros, usurpados de sua identidade territorial e mutilados culturalmente. Mas que buscam através de uma rede de empreendimentos, tecida por meio de integração, solidariedade e promoção de circulação de riquezas entre seus membros, fortalecer a comunidade étnica para que esta ocupe outros espaços, provoque fissuras em estruturas tradicionalmente moldadas e rompa com dinâmicas racistas e ultrapassadas, que só servem para preservar uma cultura colonial e supremacista branca.

Interessante, aqui, destacar o pensamento de Milton Santos[79], que, focando no aspecto geográfico e sistêmico, desenvolve a teoria dos dois circuitos[80], através da qual a estrutura da cidade é afetada pela dinâmica desenvolvida por dois circuitos.

---

79 SANTOS, Milton. *O espaço dividido*. São Paulo: Francisco Alves, 1979.

80 III Semana Preta — Coletivo 21N — FESP/SP — OLIVEIRA, Taís. Afroempreendedorismo e Economia Étnica.

O circuito superior, moderno, e atrelado à ideia de capital intensivo, e o circuito inferior, em que a marca é o trabalho intensivo. O circuito superior está ligado à uma minoria que detém altos salários e alta tecnologia para garantir sua posição segura. O outro é um circuito inferior, que concentra atividades e serviços de baixo impacto salarial e que se desenvolvem em menor escala econômica. Neste espaço se concentra a maioria da população. Obviamente, o circuito inferior é submetido ao circuito superior.

A teoria dos dois circuitos impacta a divisão entre riqueza e pobreza da mesma forma como as fissuras provocadas no espaço urbano pelo afroempreendedorismo e pelo *Black Money* impactam a dinâmica geográfica da cidade à medida que provocam aproximações entre grupos sociais privilegiados e os grupos menos abastados dentro da sociedade de classes. Com isso, são provocadas movimentações socioeconômicas, culturais e políticas que chegam mesmo a repercutir sobre a geografia tradicional e colonial das cidades. Negros passam a ocupar lugares, inclusive físicos, que não ocupavam antes. Esta mobilidade urbana influencia na movimentação de riquezas e entrelaça sujeitos até então distantes social e economicamente. A divisão do espaço geográfico entre negros e brancos tende a ser redesenhada pelo fluxo de riquezas gerado pelo afroempreendedorismo e pela aplicação da ideologia do *Black Money*. Ter-se-á, com isso, um enegrecimento ainda mais robusto e acentuado do mercado.

Para que tal ocorra, porém, é necessário que o negro tenha oportunidades de empreender de modo mais aprimorado, e não somente por necessidade. É vital que o negro tenha oportunidades de empreender e de se deslocar socialmente, gerando riquezas para si e a sua volta. É aí que entra a importância do movimento *Black Money*. Mesmo que este não possa ser transposto para o Brasil nos mesmos e idênticos moldes em que é visto nos EUA, sua implementação é benéfica por produzir impacts sobre o ato de empreender realizado pelo negro. Uma coisa está ligada à outra. Quanto mais bem-sucedidas sejam as estratégias do *Black Money*, maiores as oportunidades para que negros possam empreender.

Portanto, através das intervenções promovidas por uma economia étnica, os circuitos superior e inferior (riqueza e pobreza, branquitude[81] e negritude[82]) tendem a se tangenciar mais e, interagindo, podem promover fluxos migratórios (de riquezas e de pessoas na pirâmide social). Não há como negar que o afroempreendedorismo e o *Black Money* aparecem como estratégias que promovem interconexões entre circuitos, modificando a dinâmica perpetuada desde o período colonial.

Com todo o exposto, pode-se concluir que tanto o afroempreendedorismo quanto o *Black Money* conformam ideologias tão reacionárias que podem deslocar sujeitos e modificar estruturas sociais e até mesmo geográficas. Assim, essas estratégias de enegrecimento do mercado, mesmo ainda se adaptando ao modelo brasileiro de organização racial, já alcançam êxito à medida que promovem fissuras na estrutura socioeconômica, cultural e geográfica, rígida vigente deste o Império.

Enegrecer o mercado, então, conforma um movimento, acima de tudo, altamente político que reacende a chama do debate por igualdade de oportunidades, meritocracia e valorização da negritude. Daí, em muitos momentos,

---

81 Recomendo a leitura e estudo da obra *Branquitude*: Estudos sobre identidade branca no Brasil, organizada por Tania M. P. Muller e Lourenço Cardoso, Appris Editora.

82 Recomendo a leitura e estudo da obra *Negritude*: usos e sentidos. Kabengele Munanga. Editora Ática. 1988

encontrar fortes opositores[83], que lutam por manter privilégios e domínios sobre territórios preservados intocados por pés negros. Através do afroempreendedorismo e do Black Money o negro soergue-se e força sua mobilidade promovendo mais que um enegrecimento do mercado, e sim um enegrecimento de espaços até então inalcançáveis por negros na pirâmide social.

---

83 Recomendo a leitura e estudo da obra *A elite do Atraso*: da escravidão a Bolsonaro, Jessé de Souza. Estação Brasil, ed. rev e ampl. 2019.

DESTAQUES DO CAPÍTULO

Como o Afroempreendedorismo e o Movimento *Black Money* podem colaborar para a consolidação de uma Economia Étnica no Brasil?

Economia Étnica
ꝗ Conceito
ꝗ Importância
ꝗ Teoria do Dois Circuitos

Como catalisar o processo de enegrecimento do mercado?

7
QUAL É O LUGAR DO EMPREENDEDOR NEGRO?[84]

A busca por espaço para fazer ecoar a sua voz tem marcado o caminho do movimento negro nos últimos séculos. Ser negro carrega em si uma dor do não-ser, do não-estar, do não-pertencer.

A diáspora negra representa um ponto final em uma história de identificação do negro com o seu semelhante e um marco inicial de luta por reconhecimento e reidentificação. A busca por uma identidade negra, por uma voz negra, por uma perspectiva negra, empurra o corpo negro por um estreito e tortuoso caminho por afirmação.

Assata Shakur[85] fala desta afirmação em seu poema que retrata a esperança do corpo negro que gravita entre a opressão e o libertar-se.

84 A teoria sobre lugar de fala encontra seu berço nas obras de Gayatri Chakravorty Spivak (*Pode o Subalterno Falar?*, publicada em 1985) e de Linda Alcoff (*The problem of speaking for others*). Relevante para o estudo do tema é o texto de Donna Haraway (*Saberes Localizados*: a questão da ciência para o feminismo e o privilégio da perspectiva parcial. Publicado em cadernos pagu 1995: pp 07-41).

85 SHAKUR, Assata. Afirmação. Tradução: Universidade Autônoma Preta Popular. Revisão: foc.

O processo de silenciamento do negro materializa-se fortemente na figura, retratada por Grada Kilomba,[86] da máscara que vedava a fala e constrangia o espírito.

Todo o processo de colonização do ser perpassa pelo silenciamento. Então, quando se busca o espaço da fala negra, se luta contra o movimento colonizador, ainda presente, latente e atuante.

Hoje não é difícil encontrarmos frases como a que diz: "a casa-grande pira quando a senzala aprende a ler", entendendo-se aqui o processo de letramento e de formação intelectual como um ato de resistência à colonização do corpo negro. O mesmo também pode ser dito com relação ao ato de empreender realizado pelo negro. Seria possível também convivermos com a frase "a casa-grande surta quando a senzala começa a empreender". Por quê? Simples, o afroempreendedorismo cura e liberta.

Quando a voz negra busca seu espaço e almeja apresentar sua própria perspectiva, as forças da ideologia colonizadora se mobilizam para refrear este movimento. Reencaminhando o negro para o lugar do silenciamento, que é o que foi determinado para este corpo.

Rebelar-se contra o sufocamento da voz negra implica em transgredir, em forçar as amarras até que se rompam. Essas amarras são muito parecidas com aquelas fisicamente utilizadas durante o período colonial, mas que, hoje, se modernizaram e se tornaram mais requintadas.

Hoje, quando uma voz negra fala, rapidamente verifica-se um persistente movimento de desvalorização, de desmerecimento quanto ao que é dito. Ressignificando-se a ideia da máscara,

---

86 KILOMBA, Grada. A Máscara. "The Mask" In: Plantation Memories: Episode of Everyday Racism. Münster: Unrast Verlag, 2. Edição, 2010. Site revistas. usp.br. Texto traduzido por JESUS, Jéssica Oliveira de.

que passa a ser representada pela desconsideração do valor que a fala negra carrega.

É preciso romper com os muros que enclausuram o corpo negro e o impedem de ir além, de transcender, de se definir humanamente.

Na Academia, o processo de descrédito da voz negra permanece ceifando intenções descolonizadoras. Daí a ausência de marcos teóricos relacionados ao afroempreendedorismo, que acaba por se consolidar como um fenômeno primordialmente pragmático. Mas desenvolver aspectos teóricos que fundamentem e direcionem o tema também é importante, e a intenção deste livro é colaborar neste sentido, oferecendo parâmetros científicos para a abordagem do tema.

Quando um negro fala, seu saber, sua perspectiva é logo enjaulada no lugar do *non sense*, do não adequado, do pequeno e sem valor. O saber científico ignora, propositalmente, a esfera da prática construtiva, da provocação para o rompimento de padrões arcaicos que trabalham sob uma ótica eurocêntrica e racista.

O silenciamento da voz negra transporta este corpo para o lugar do menor, do menos importante, do vazio intelectual.

Cornel West[87] aborda o dilema dos intelectuais negros que insistem em se fazer ouvir, mas que não encontram interlocutores que valorizem sua fala. Muitas das vezes, opta-se por percorrer caminhos paralelos que promovam o maior alcance desta voz, sobretudo através da chamada subcultura letrada, que, por meio das músicas, dos grafites, da arte de um modo geral, tenta apresentar sua perspectiva emancipatória.

---

87 WEST, Cornel. O Dilema do Intelectual Negro. In: WEST, Cornel. *The Cornel West*: reader. Nova York: Basic Civitas Books, 1999, p. 302 – 315 (Tradução e notas de Braulino Pereira de Santana, Guacira Cavalcante e Marcos Aurélio Souza).

O corpo negro clama por afirmar-se, mas encontra barreiras por vezes intransponíveis. O ato de empreender realizado pelo negro, o afroempreendedorismo, representa também um desabafo do sem lugar, do corpo que pretende expandir-se, mas, por ser negro, só encontra muros e obstáculos.

Analisando os dados de Pesquisa PNAD/Sebrae, é possível perceber que há uma grande quantidade de empreendedores negros, parcela até maior que a de empreendedores brancos. Entretanto, aqueles afroempreendedores apresentados na pesquisa, em sua maioria, empreendem em setores mais precários do mercado, considerados menos arrojados e que, portanto, geram pouca renda e baixa circulação de riqueza. São os empreendedores por conta própria, que não possuem empregados e trabalham sozinhos no desenvolvimento da atividade empresarial.

Há que se considerar a própria construção histórica do Brasil e a posição à qual o negro foi confinado. O processo abolicionista brasileiro pode ser considerado falacioso, no mínimo. Negros foram "jogados" à margem, sem quaisquer condições de uma história de liberdade. Essa falsa liberdade que foi "concedida" ao negro serve, na verdade, como uma nova roupagem das relações de dominação que seriam mantidas, porém com vestes distintas.

A *Casa-Grande x Senzala* permaneceram, porém, redesenhadas. Por vezes tomando a forma de *Sala de Jantar x Quarto de Empregada* ou *Elevador Social x Elevador de Serviço, bairro de luxo x favela, escola privada x escola pública, Universidade pública x Universidade Privada*. É claro que há casos que fogem à regra. Aqui, o que se pretende não é uma postura essencialista, porém não há como se negar que a maioria dos casos acabam caindo nesta vala-comum.

A relação opressor-oprimido se manteve a mesma, ganhando outras versões, mas sempre com a mesma localização para os participantes.

Por conta dessa persistência nas estruturas de submissão, mesmo após transposto o muro da escravidão, não é de se espantar que o empreendedor negro esteja, em sua maioria, empreendendo em setores menos elaborados do mercado.

É de se supor que muitos negros acabam conduzidos para o empreendedorismo, seja porque perderam seus empregos ou porque são constantemente rejeitados pelo mercado e, cansados de receber "porta na cara", decidem empreender.

Neste curso, vê-se que o afroempreendedorismo ainda engatinha por um caminho promissor, mas longo e tortuoso. Ao afroempreendedorismo, é fundamental que se aliem outros movimentos ideológicos, que reforcem o componente político, subversivo e transgressor do ato de empreender realizado por negras e negros.

A ocupação ampla e irrestrita, por negros, do lugar de empreendedores, representa uma estratégia de resistência e reexistência de um grupo étnico marcado por violentos e reiterados processos de opressão.

A posição social ocupada pelo negro, por óbvio, interfere na operacionalização do ato de empreender e na projeção dos negócios desenvolvidos. Não se pode negar que o afroempreendedorismo reforça a identidade negra e mais, promove a economia colaborativa, bem como a economia criativa. Poder-se-ia identificar tal fenômeno como um modelo de economia étnica que engloba aspectos colaborativos e criativos.

Tratar de distribuição igualitária de riquezas e materialização de justiça social, de per si, não bastam se o tema não estiver direta e invariavelmente atrelado ao debate racial.

Estudo norte-americano[88] recente demonstra que o elemento "raça" é importante mesmo em se tratando de crianças ricas, posto que as chances destas crianças negras ricas se tornarem adultos pobres é muito maior que com crianças brancas.

A pesquisa mostra que a maioria dos meninos brancos criados por famílias ricas vão permanecer ricos ou de classe média alta, mas os meninos negros criados por famílias igualmente ricas não vão.

O impacto do estudo é grande, pois coloca em xeque o pensamento de que basta resolver-se a questão econômica para se acabar com as desigualdades entre brancos e negros. Entretanto, tal raciocínio ignora outros aspectos que, na prática, influenciam (senão comandam) as relações interpessoais, sociais, políticas e econômicas de negros e brancos.

O que acontece, neste interregno, que desmonta o propósito do menino negro e da menina negra e os transforma em adultos pobres?

Aqui, o racismo e suas multifacetadas formas de materialização (explícitas ou simbólicas) se mostram como resposta válida, possível, embora irracional.

Mesmo em uma sociedade que se diz democrática, a maneira como se tratam os negros coloca em questionamento o real êxito do projeto de justiça social.

A mobilidade social entre brancos e negros demonstra o quanto há obstáculos que se colocam para os negros e dificultam o seu trajeto rumo ao progresso econômico-social.

O estudo norte-americano evidencia que 21% dos homens negros criados na parte inferior da escala social foram pre-

---

88 Race and Economic Opportunity in the United States: na intergenerational perspective, por Ray Chetty, Nathaniel Hendren, Maggie R. Jones e Sonya R. Porter. Complementado por matéria lida no site www1.folha.uol.com.br.

sos, e esta marca os acompanhará para sempre, pois, mesmo após cumprirem suas penas, terão imensas dificuldades de se inserirem no mercado de trabalho (ou permanecerão desempregados ou terão que realizar trabalhos subvalorizados), o que impacta diretamente sobre suas famílias (filhos e cônjuges) e sobre eles mesmos, gerando altos índices de depressão, suicídios e retroalimentando a criminalidade, a pobreza e a estagnação social.

Miracy Gustin[89] explica que cidadania é conceituada como a democratização de relações para sustentação da diversidade. Nesta perspectiva, como se coloca a questão racial? Pode-se falar, hoje, em democratização de relações para mulheres e homens negros no Brasil?

Esclarece a professora Miracy que os pressupostos de democratização são:

a. Desocultação das variadas formas de violência (e aqui há que se imaginar por quantas e interseccionadas formas de violência passa o corpo negro, feminino e masculino);

b. Resgate do "princípio de comunidade" (grupos têm se mobilizado cada vez mais na tentativa de dar voz à comunidade negra nos mais diversos campos. A ocupação do espaço de protagonismo merece ser trabalhado de forma radical e persistente);

c. Relações horizontalizadas e coextensivas (cada vez mais a preocupação pela compreensão da possibilidade de fala do homem e da mulher negra, bem como o esclarecimento acerca do que se entende por "lugar de fala e de escuta" colaboram para a construção de relações horizontalizadas);

---

89 Gustin, Miracy B. S. *Resgate dos Direitos Humanos em Situações Adversas de Países Periféricos.*

d. Estímulo ao desenvolvimento de competências individuais, interpessoais e coletivas (esta segue sendo uma luta de negros e negras na sociedade atual).

A construção da cidadania, portanto, passa pelo enfrentamento de todos estes pressupostos democratizantes. No Brasil, entretanto, a formação social é muito comprometida pelos obstáculos (explícitos e implícitos) que são impostos ao sujeito negro, que tem inviabilizada, por vezes, a sua possibilidade de existir e ocupar os espaços. Na obra *Antinegritude: O impossível sujeito negro na formação social brasileira*[90], são expostas chagas de uma sociedade que ainda precisa percorrer um longo e tortuoso caminho para a cidadania e a participação social real. Menciona-se que, no Brasil, "pessoas negras estão fora de lugar em lugares de privilégio como *shopping centers*, mas elas também estão fora de lugar independente de lugar".

A portuguesa Grada Kilomba[91], artista e escritora negra, também comunga do pensamento de que não é permitido que homens e mulheres negras existam socialmente em grande parte dos espaços, sendo necessário que se criem agendas que rompam com o racismo estruturante.

O racismo estrutural desmantela qualquer intento de materialização de cidadania e participação social, comprometendo, portanto, a construção da democracia.

---

90 PINHO, Osmundo; VARGAS, João H. Costa (Organizadores). *Antinegritude:* o impossível sujeito negro na formação social do Brasil. Cruz das Almas, Belo Horizonte: Editora UFRB, 2016.

91 Entrevista intitulada Grada Kilomba: o racismo e o depósito de algo que a sociedade branca não quer ser. Disponível em:< geledes.org.br. >. Acesso em 22/03/2018.

Diante deste panorama, o afroempreendedorismo e o movimento *Black Money*, com suas diversas vertentes, apresentam-se como estratégias disruptivas de emancipação do negro numa sociedade capitalista, racista e colonial. Por mais que ainda sejam necessários ajustes e aperfeiçoamentos, as práticas atreladas a estes instrumentos de mobilidade social devem ser preservadas, discutidas e implementadas. Para que, seja como for, se torne mais factível a chance de vivermos em uma sociedade mais flexível face aos deslocamentos sociais, raciais e políticos de grupos étnicos subalternizados.

DESTAQUES DO CAPÍTULO

O afroempreendedor e a Teoria do Lugar de Fala

Relações perpetuadas e naturalizadas pelo racismo estrutural

Obstáculos à mobilidade social entre brancos e negros

Democratização de relações para sustentação da diversidade

Democratização de relações para mulheres e homens negros no Brasil e as estratégias disruptivas conformadas pelo afroempreendedorismo e pelo movimento *Black Money*

8
O PAPEL DO AFROEMPREENDEDORISMO E DO BLACK MONEY NO MOVIMENTO AFROFUTURISTA

Por afrofuturismo há que se compreender o conjunto de estratégias disruptivas que projetam, para além, comportamentos, performances e estratégias atreladas à emancipação e ressignificação do corpo negro no espaço coletivo, sem se desconectar, porém, de elementos ancestrais e afromitológicos. Trata-se de um movimento multidimensional que trafega pelo campo das artes plásticas, da política, da filosofia, da mitologia africana, da história diaspórica, da ciência, dentre outros, permitindo uma interface entre temáticas e abordagens que ressignificam o lugar social, político, artístico, científico e econômico do negro no presente e no futuro.

Embora o movimento afrofuturista, que tem seu berço nos EUA, tenha emergido na década de 1960, destacado por músicos, artistas e escritores, como Sun Ra, Grace Jones, Jimi Hendrix, Miles Davis, Octavia Butler, Basquiat, dentre outros, é a partir da década de 1990 que ganha proporções mais robustas e passa a ser nominado como o conhecemos hoje, passando, assim, a ser considerado importante contributivo para o reposicionamento socioeconômico de afrodescendentes, abrindo caminhos para um futuro negro.

Neste cenário, faz-se fundamental estabelecer uma relação entre Afroempreendedorismo, *Black Money* e Movimento Afrofuturista. Não há como deixar de se observar elementos afrofuturistas nas concepções e práticas atreladas ao movimento afroempreendedor. Do mesmo modo como é possível vislumbrar traços afrofuturistas no Movimento *Black Money*.

À medida que os conceitos que conformam o afroempreendedorismo, e que foram construídos e expostos neste livro, vão se estruturando, é fácil perceber que o ato de empreender realizado por negros e negras comporta um movimento emancipatório, transgressor e futurista. Futurista à medida que estabelece possibilidades de uma existência mais saudável, menos opressiva e perigosa para corpos negros. O afroempreendedorismo desobstaculiza caminhos de um grupo étnico oprimido e invisibilizado. Propõe novos horizontes e expande espaços de circulação socioeconômica e política.

Em relação ao *Black Money*, as mesmas considerações se fazem válidas. As estratégias apresentadas nas diversas vertentes deste movimento, e que foram explicitadas nesta obra, demonstram que por este caminho surgem ferramentas capazes de levar o corpo negro adiante, de permiti-lo almejar um futuro digno e satisfatório. Introduzindo num grupo étnico, cujos sonhos e projeções foram castrados há séculos, a potência de vislumbrar um amanhã, um universo de possibilidades.

Diante de todo o exposto, não restam dúvidas de que afroempreendedorismo e *Black Money* são importantes estratégias afrofuturistas: ambos delineiam um porvir negro.

É inegável, portanto, que os dois temas centrais desta obra, Afroempreendedorismo e *Black Money*, são impactantes componentes de um movimento afrofuturista. Ambos criam possibilidades para um futuro negro. Para diversos futuros. Para afrofuturos.

DESTAQUES DO CAPÍTULO

Conceito de afrofuturismo
Afroempreendedorismo
e Black Money como
estratégias Afrofuturistas

Futuro apontando para
um Afrofuturo

CONSIDERAÇÕES FINAIS

Num cenário socioeconômico e político altamente complexo como este apresentado no Brasil na atualidade, nada é mais importante do que debater estratégias de emancipação e soerguimento de um grupo étnico há tantos séculos subalternizado, silenciado e invisibilizado no país.

Construir estratégias e disseminar outras que sirvam para instrumentalizar negras e negros a ocuparem outros lugares na pirâmide social é um compromisso que deve ser abraçado por todos os afrodescendentes.

Ocupar lugares como Universidades, postos mais relevantes de trabalho, empreendimentos de grande porte, setores econômicos antes dominados só por uma elite branca, é o futuro que o afroempreendedorismo e o movimento *Black Money* podem estruturar.

Há muitos eventos no Brasil abordando estratégias e perspectivas envolvendo afroempreendedorismo e *Black Money*, mas é preciso ir além e dar robustez científica para a temática.

Esta obra pretende colaborar nesta direção, da emancipação de mentes e na consolidação de saberes que deem suporte à ousadia, ao espírito associativo e empreendedor de negras e negros que, como eu, estão sempre desejando dar passos além, enegrecer ainda mais tudo o que ainda não foi tocado pela africanidade.

É possível acreditar na mudança!

Nossos ancestrais não desistiram de lutar, empreender e se associar para transcender, rumo à liberdade, no sentido mais amplo da palavra. Também não devemos esmorecer. O futuro é negro, no melhor sentido da expressão.

Concordando com o rapper e poeta Rincon Sapiência[92], que ressignifica um dito popular racista: "a coisa tá preta"!!!

É bom prestarem atenção: **a coisa está preta e espero que fique cada vez mais!!!!**

Ubuntu[93]!

---

92 Música Rincon Sapiência (Manicongo), "A coisa tá preta". Disco "Galanga Livre", 2017. Boia Fria Produções.

93 Antiga palavra africana que significa algo como "Sou o que sou pelo que nós somos". Liga-se à ideia de generosidade, solidariedade. Carregando em si um desejo sincero de felicidade e harmonia entre os seres humanos. Disponível em: <www.significados.com.br> e <www.mundoubuntu.com.br> ,visitados no dia 20/03/2019.

Afirmação

Afirmação (original)
por Assata Shakur

Eu acredito no viver.
Eu acredito no espectro
dos dias Beta e do povo Gama.
Eu acredito no brilho do sol.
Em moinhos de vento e cachoeiras,
triciclos e cadeiras de balanço.
E eu acredito que sementes tornam-se brotos.
E brotos tornam-se árvores.
Eu acredito na mágica das mãos.
E na sabedoria dos olhos.
Eu acredito na chuva e nas lágrimas.
E no sangue do infinito.

Eu acredito na vida.
E eu vi o desfile da morte
marchando pelo torso da terra,
esculpindo corpos de lama em seu caminho.
Eu vi a destruição da luz do dia,
e vi vermes sedentos de sangue
sendo adorados e saudados.

Eu vi os dóceis tornarem-se cegos
e os cegos tornarem-se prisioneiros
num piscar de olhos.
Eu andei sobre cacos de vidro.
Eu admiti meus erros e engoli derrotas[94]
e respirei o fedor da indiferença.

---

94 Do original *I have eaten crow and blunder bread*. Ambas expressões significam admitir seus erros ou provarem que ela estava errada. Disponível em: <https://assatashakurpor.wordpress.com/poesias/afirmacao/>. Acesso em: 22 maio 2019.

Eu fui trancafiada pelos injustos.
Algemada pelos intolerantes.
Amordaçada pelos gananciosos.
E, se tem alguma coisa que eu sei,
é que um muro é apenas um muro
e nada além disso.
Ele pode ser posto abaixo.

Eu acredito no viver.
Eu acredito no nascimento.
Eu acredito na doçura do amor
e no fogo da verdade

E eu acredito que um navio perdido,
conduzido por navegantes cansados e mareados,
ainda pode ser guiado à casa
para atracar.

REFERÊNCIAS

ALCOFF, Linda Martín. *The problem of speaking for other*. Disponível em: www.alcoff.com

ALEXANDER, Michelle. *The New Jim Crow*, traduzida como A nova segregação – racismo e encarceramento em massa. São Paulo: Boitempo Editorial, 2018.

ALMEIDA, Silvio. *O que é racismo estrutural*. Belo Horizonte: Letramento, 2018.

ANZALDÚA, Gloria. *La Consciencia de la mestiza/* Rumo a uma nova consciência. Revista de Estudos Feministas. Vol 13, n° 3, Florianópolis Set/out 2005.

BARBOSA, Muryatan Santana. *Pan-africanismo e teoria social*: uma herança crítica. África, São Paulo. Vol 31-32, p. 135-155, 2011/2012.

BERTH, Joice. *O que é empoderamento?* Belo Horizonte: Letramento, 2018.

CARVALHO, Marcus J. M. de. Cidades Escravistas in SCHWARCZ, Lilia Moritz; GOMES, Flávio dos Santos (Orgs.). *Dicionário de Escravidão e Liberdade*: 50 textos críticos. 1ª ed. São Paulo: Companhia das Letras, 2018.

CASTELLS, Manuel. *O poder da Identidade.* Tradução de Klauss Brandini Gerhardt. São Paulo: Paz e Terra, 1999.

CHAUÍ, Marilena. *O que é Ideologia.* Coleção Primeiros Passo. São Paulo: Saraiva, 2002.

CHETTY, Ray; HENDREN, Nathaniel; JONES, Maggie e PORTER, Sonya. *Race and Economic Opportunity in the United States:* na intergenerational perspective, por.

COELHO, Fábio Ulhoa. *Manual de Direito Comercial*: Direito de Empresa. 28ª edi. rev., atual. e ampl. São Paulo: Editora Revista dos Tribunais, 2016.

Comunicado do IPEA n° 91 de 12 de maio de 2011. Ver também UFRJ (2013). "O crescimento da participação dos pretos e pardos: dados da PNAD 2012". Tempo em Curso. Ano V; Vol. 5, n° 10; Outubro. Instituto de Economia.

CORNELIUS JUNIOR, Eugene. *Evento Black Codes*: "Desvendando os códigos do Afro-Empreendedorismo" ocorrido em 18 de mais de 2017.

CRENSHAW, Kimberle. "A Intersecionalidade na Discriminação de Raça e Gênero". Disponível em: <http://acaoeducativa.org.br/fdh/wp-content/uploads/2012/09/Kimberle-Crenshaw.pdf>. Acesso em: 23/03/2019.

DOMINGUES, Petrônio. Associativismo Negro in SCHWARCZ, Lilia Moritz; GOMES, Flávio dos Santos (Orgs.). *Dicionário de Escravidão e Liberdade*: 50 textos críticos. 1ª ed. – São Paulo: Companhia das Letras, 2018.

FRASER, Nancy e HONNETH, Axel. *Redistribución o reconocimiento?* Un debate político-filosófico. Madrid: Morata, 2006.

FREIRE, Paulo. *Pedagogia do Oprimido*. Rio de Janeiro: Paz e Terra, 2017.

FANTAPPIÉ, Marcelo. Epigenética e Memória Celular. Disponível em:<www.revistacarbono.com> . Acesso em 24 de maio de 2018.

FRAGA, Walter. Pós-abolição; O dia seguinte in SCHWARCZ, Lilia Moritz; GOMES, Flávio dos Santos (Orgs.) *Dicionário de Escravidão e Liberdade*: 50 textos críticos. 1ª ed. – São Paulo: Companhia das Letras, 2018.

GROSFOGUEL, Ramón. Para descolonizar os estudos de economia política e os estudos: Transmodernidade, pensamento de fronteira e colonialidade global. *Revista Crítica de Ciências Sociais,* 80, Março 2008.

GUSTIN, Miracy B. S. *Resgate dos Direitos Humanos em Situações Adversas de Países Periféricos*. Disponível em:< www.direito.ufmg.br> Acesso em: 2018/2.

HARAWAY, Donna. *Saberes Localizados*: a questão da ciência para o feminismo e o privilégio da perspectiva parcial. Publicado em cadernos pagu 1995.

Instituto Brasileiro de Qualidade e Produtividade (IBQP) – Análise dos resultados do GEM 2017 por raça/cor. Março 2018.

KILOMBA, Grada. A Máscara. "The Mask" In: *Plantation Memories*: Episode of Everyday Racism. Münster: Unrast Verlag, 2. Edição, 2010. Site revistas.usp.br. Texto traduzido por JESUS, Jéssica Oliveira de.

KILOMBA, Grada. Entrevista intitulada: o racismo e o depósito de algo que a sociedade branca não quer ser. Site geledes.org.br. Visita ao site em 22/03/2018.

Le Petit Larousse Illustré 2000, HER 1999.

LIGHT, Ivan. The EthnicEconomy. in N. Smelser e R. Swedberg (org.): *The Hand book of Economic Sociology*. Princeton EP & Russel Sage, 2005.

MBEMBE, Achille. *Crítica da Razão Negra*. Rio de Janeiro: N1 Edições. 2018.

MIGNOLO, Walter D. *Colonialidade:* o lado mais escuro da modernidade. Revista Brasileira de Ciências Sociais, vol 32, n. 94, 2017.

CARDOSO, Lourenço; MULLER, Tania. (org). *Branquitude:* Estudos sobre identidade branca no Brasil. Curitiba: Appris Editora, 2017.

MUNANGA, Kabengele. *Negritude:* usos e sentidos. Editora Ática. 1988

NARLOCH, Leandro. *Achados e Perdidos da História* – Escravizados. Rio de Janeiro: Estação Brasil, 2017.

NASCIMENTO, Abdias. *O Genocídio do negro brasileiro:* processo de um racismo mascarado. São Paulo: Editora Perspectiva S/A, 2016.

OLIVEIRA, Taís. Black Money, Afroempreendedorismo e Economia Étnica. Disponível em:<https://taisoliveira.me/black-money-afroempreendedorismo-e-economia-etnica/>. Acesso em 18/03/2019.

————. III Semana Preta – Coletivo 21N – FESP/SP – Afroempreendedorismo e Economia Étnica.

PINHO, Osmundo; VARGAS, João H. Costa (Organizadores). *Antinegritude:* o impossível sujeito negro na formação social do Brasil. Cruz das Almas, Belo Horizonte: Editora UFRB, 2016.

SANTOS, Milton. *O espaço dividido.* São Paulo: Francisco Alves, 1979.

País Estagnado – Um retrato das desigualdades brasileiras – 2018. Disponível em:< www.oxfam.org.br>. Acesso em: 17/03/2019.

QUIJANO, Aníbal. *Colonialidade do poder, eurocentrismo e América Latina.* Buenos Aires: CLACSO, Consejo Latinoamericano de Ciencias Sociales, 2005.

RAMOS, André Luiz Santa Cruz. *Direito Empresarial.* 7.ed.rev. e atual – Rio de Janeiro: Forense; São Paulo: MÉTODO, 2017.

Relatório "A distância que nos une" – 2017 – site: www.oxfam.org.br. Visita realizada no dia 17/03/2019

RIBEIRO, Katiuscia. *Mulher Preta:* Mulherismo Africana e outras perspectivas de diálogo. www.almapreta.com, visitado em 23/03/2019.

SCHWARCZ, Lilia Moritz; GOMES, Flávio dos Santos (Orgs.) *Dicionário de Escravidão e Liberdade:* 50 textos críticos. 1ª ed. – São Paulo: Companhia das Letras, 2018.

SHAKUR, Assata. *Afirmação.* Tradução: Universidade Autônoma Preta Popular. Revisão: foc.

SOUZA, Jessé de. *A elite do Atraso:* da escravidão a Bolsonaro. São Paulo: Estação Brasil, ed. rev e ampl. 2019.

SPIVAK, Gayatri Chakravorty. *Pode o Subalterno Falar?,* Belo Horizonte: Editora UFMG, 1985.

VALE, Gláucia Maria Vanconcellos. *Empreendedor:* Origens, Concepções Teóricas, Dispersão e Integração. Revista de Administração Contemporânea, On-line version, Vol. 18, Nº 6, Curitiba, Nov/Dez, 2014.

WEST, Cornel. *O Dilema do Intelectual Negro*. In: WEST, Cornel. The Cornel West: reader. Nova York: Basic Civitas Books, 1999, p. 302 – 315 (Tradução e notas de Braulino Pereira de Santana, Guacira Cavalcante e Marcos Aurélio Souza).

WILLIANS, Landon. *Por uma revolução antirracista*: uma antologia de textos dos Panteras Negras (1968 – 1971).

YUNUS, Muhammad; JOLIS, Alan. *O Banqueiro dos Pobres*. São Paulo: Ática, 2008.

SITES VISITADOS

www.agenciadenoticias.ibge.gov.br visitada em 18/03/2019.

www.blacklivesmatter.com visitado em 18/03/2019

www.dblackbank.com.br visitado em 17/03/2019.

www.esquerdadiario.com.br/Manifestacoes-em-Charlotte-para-exigir-justica-desafiam-o-toque-de-recolher visitado em 18/03/2019.

www.esquerdaonline.com.br/2016/12/19/o-mito-do-capitalismo-negro, visitado em 18/03/2019.

www.esquerdaonline.com.br/2016/08/31/jogador-boicota-hino-norte-americano-em-ato-de-rebeldia-contra-o-racismo-nos-eua/ visitado em 18/03/2019.

www.essence.com visitado em 18/03/2019.

www.labexperimental.org visitado em 18/03/2019

www.nydailynew.com visitado em 18/03/2019.

www.nypost.com visitado em 18/03/2019.

www.nytimes.com/2016/09/23, visitado em 18/03/2019.

www.oneunitedbank.com visitado em 18/03/2019.

www.significados.com.br e www.mundoubuntu.
com.br, visitados no dia 20/03/2019.

www1.folha.uol.com.br

FILMES INDICADOS

Blackkklansman: O Infiltrado. Infiltrado na Klan. Direção de
Spike Lee. Blumhouse Productions. Estados Unidos, 2018.

Get Out. Corra! Direção de Jordan Peele. Universal
Pictures. Estados Unidos, 2017.

Green Book – Um Guia Para a Vida. Direção de Peter
Farrelly. DreamWorks SKG. Estados Unidos, 2018.

Homem-aranha no aranhaverso. Direção de Bob Persichetti,
Peter Ramsey e Rodney Rothman. Sony Pictures Animation
e Marvel Entertainment. Estados Unidos, 2018.

Moonlight: Sob a Luz do Luar. Direção de Barry Jenkins.
Plan B Entertainment. Estados Unidos, 2016.

Pantera Negra. Direção de Ryan Coogler. Marvel
Studios: Estados Unidos, 2018.

MÚSICA CITADA

Sapiência, Rincon (Manicongo), "A coisa tá preta". Disco
"Galanga Livre", 2017. Boia Fria Produções.

◉ editoraletramento   ⊕ editoraletramento.com.br
ⓕ editoraletramento   in company/grupoeditorialletramento
🐦 grupoletramento   ✉ contato@editoraletramento.com.br

⊕ casadodireito.com   ⓕ casadodireitoed   ◉ casadodireito